출 판 사
하고 싶을 때
읽 는 **책**

출판사 하고 싶을 때 읽는 책

초판 1쇄 인쇄 2021년 4월 10일
초판 1쇄 발행 2021년 4월 15일

지은이 김홍식
펴낸이 김연희

펴 낸 곳 그림씨
출판등록 2016년 10월 25일(제406-251002016000136호)
주 소 경기도 파주시 광인사길 217(파주출판도시)
전 화 (031)955-7525
팩 스 (031)955-7469
이 메 일 grimmsi@hanmail.net
ISBN 979-11-89231-41-5 03010

출판사 하고 싶을 때 읽는 책

김흥식 지음

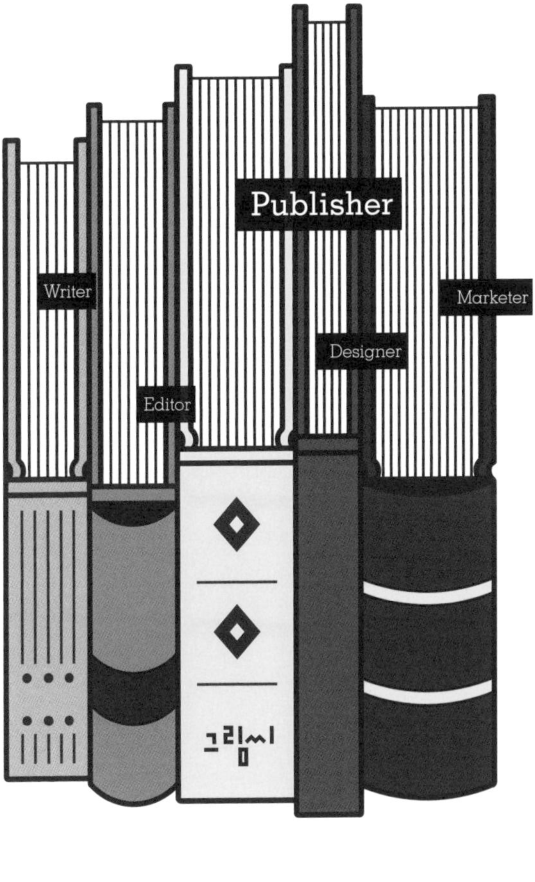

평생의 꿈, 책 만드는 사람

요즘 사업적으로나 개인적 취향 면에서나 인기 있는 분야 가운데 하나가 출판인 듯하다. 이른바 독립출판, 1인 출판사를 꿈꾸는 이들도 꽤 있는 듯하고, 실제로도 하루가 멀다 하고 새로운 출판사들이 신간을 펴낸다. 그뿐이 아니다. 여러 형태를 띤 채 개인적으로 만드는 책도 다양한 방식으로 출간된다. 아름다운 일이다. 오늘날 어쩌면 책을 읽는 사람보다 책을 펴내는 사람이 더 많을지도 모르지만, 좋은 책을 출간하려는 이들이 많은 사회는 미래가 밝다.

나는 30년째 책을 만들고 있다. 처음 어떻게 출판사를 시작했느냐고? 지금 출판사를 시작하는 사람과 별반 다르지 않다. 책이 좋아서 시작했다. 그러나 이건 한마디로 표현한 것일 뿐 그리

단순하지 않다.

나는 대학 3학년 무렵에 평생 책을 만들겠다고 다짐했다. 그리고 출판사를 시작할 때 혼자였다. 그 후 두 명, 세 명으로 늘어났다가 다시 홀로 하는 출판으로 돌아가기도 했다. 실상을 말하라면, 나는 출판에 뜻을 세웠을 뿐 출판이라는 사업 분야에 대해서는 완전히 백지 상태였다. 그 무렵에는 출판에 관한 책이라고는 눈을 씻고 찾아보아도 없던 시절이었다. 그러니 출판 전문가를 양성하는 교육기관 따위가 있을 리 만무했다.

지금이라고 달라졌을까? 출판 관련 학과가 한두 개 있지만 그건 대부분 기술적인 분야에 국한된다. 출판에 관해 알려주는 기관이 있다면 몇 개월에 걸쳐 출판 관련 내용을 유상 또는 정부 지원으로 알려주는 공·사설 교육기관이 몇 개 있을 뿐이다. 대한민국은 출판 전문가를 양성하려는 의지가 없다. 그렇게 출판을 도외시하는 나라에 세계적으로도 유래를 찾기 힘들 만큼 많은 출판사가 존재한다는 사실은 놀라운 일이다. 그러나 이런 환경은 출판에 뜻을 세운 이들이 출판계에 진입할 때 상당한 위험과 부담을 안겨줄 수밖에 없다.

나 역시 아기 분유 값이 없어서 고통을 겪은 것도 출판사 때문이었다. 자금이 바닥나서 출판사를 다시 일으켜 세우기 위해 다른 일에 종사하기도 했다. 그렇게 우여곡절을 겪은 끝에 다시 출판을 시작하면서 많은 훌륭한 분들을 만났고, 간혹 세상에서 가장 형편없는 인간을 만나기도 했다. 모두 출판과 관련해서였다.

이런 경험을 통해 얻은 가장 큰 즐거움은 동고동락하는 출판계 선·후배들을 만난 것이다. 다른 업종도 비슷하겠지만 출판계는 잘될 때는 모두 잘되었고, 어려움을 겪을 때도 함께 겪어야 했다. 그래서 출판계에서 만난 많은 동료들과는 경쟁이 아니라 협력하면서 살아왔다. 최근 들어 그런 분위기가 조금씩 무너지는 듯해서 마음이 아프기는 하지만.

나는 내가 겪은 어려움을 다른 이들은 더 이상 겪지 않기를 바란다. 그래서 강연을 하거나 여러 기관에서 출판 창업을 꿈꾸는 이들을 만날 때 나는 절실한 마음으로 이야기한다. 물론 부푼 꿈을 안고 시작하는 이들에게 그러한 절실함이 얼마나 다가갔을지는 자신할 수 없다. 그래도 만에 하나 잘못되면 꿈과 현실, 모두를 날린 후 고통을 겪을 수밖에 없기 때문에 다시 냉혹한 현실을 이야기해야 한다고 다짐한다.

이 책에서 출판에 관한 이론 따위는 찾아볼 수 없을 것이다. 출판의 개념이나 미래의 출판 같은 이야기가 궁금하신 분은 이 책을 펼칠 일이 아니다. 그런 분야는 대학 교수님들의 영역이다. 나는 내가 과거에 겪었고, 오늘 겪고 있으며, 내일 겪을 현실적인 문제들을 이야기할 것이다.

인쇄소를 어떻게 선택할 것인지, 저자들과 갈등이 일어나는 이유는 무엇인지, 책을 만들 때 들어가는 실제 비용은 얼마나 되는지,

디자이너에게 지불해야 할 금액은 얼마나 되는지, 거래처에 대한 결제는 어떻게 해야 하는지, 어느 서점과 거래해야 하는지, 과연 출판을 해서 경제적인 호구지책을 해결할 수 있는지 궁금하신 분들은 이 책을 읽어보기 바란다.

가능한 범위 내에서 솔직하게 출판 현장 이야기를 썼다. 한 분이라도 이 책을 통해 출판의 현실적인 문제들을 조금이나마 이해하고 대처하여 어려움을 덜 겪게 된다면 더 이상 바랄 나위가 없겠다.

김홍식

차례

PART 2

책을 낸다는 것

책, 어떻게 만들고 판매할 것인가?

PART 2 책을 낸다는 것
책, 어떻게 만들고 판매할 것인가?

출판사 창업부터 폐업까지 기억해야 할 것들

출판사를 한다는 것

오늘도
출판사는
새롭게 문을
연다

출판사의 하루

오전 9시, 출판사 문이 열린다. 누가 먼저랄 것도 없이 출근을 한다. 아마 물류 창고를 담당한 사람은 더 일찍 출근했을 것이다. 사무실에서 출고를 담당하는 사람이 출근하기 전부터 창고에는 할 일이 쌓여 있을 테니까. 그렇게 출판사의 하루가 시작한다.

직원이 많건 적건, 단 한 사람이건 시작은 마찬가지다. 시대가 바뀌었으니 출근하면 커피를 한 잔 마시고 조간신문을 펼치며 동료들과 이런저런 이야기를 나누는 따위 일은 이제 생략될지 모른다. 그 대신 컴퓨터를 켜고 끊임없이 울리는 카톡을 확인하며 회사 메일함에 도착한 온갖 자료와 정보를 검토하는 일이 아침 시간을 장악할 것이다. 매일 똑같은 일이 반복된다. 그 가운데 몸을 움직이는 사람은 창고에서 일하는 사람 외에는 거의 없다.

주문, 하루의 희로애락

아침에 출근하면 회사 메일을 확인하는 것이 가장 먼저 하는 일이다. 회사에는 다양한 경로로 수많은 전달사항이 도착해 있는데, 가장 중요한 것이 서점의 주문 사항 확인이다. 서점들은 매일 아침 출판사로 필요한 도서를 주문하는데, 그 방법이 가지각색이다.

우선 메일로 주문하는 서점이 있다. 요즘 사람들 시각에는 원시적으로 보이겠지만 전화로 주문하는 경우도 있다. 예전에는 대부분 서점이 전화로 주문을 해서 하늘이 두 쪽 나도 제 시간에 출근해서 전화기 앞에 앉아 있어야 했다. 예전만큼은 아니지만 아직 전화 주문을 하는 서점이 꽤 있다. 그래서 전화는 출판사의 필수 매체다. 팩스를 이용하는 서점도 아직 많다. 그 외에 자사 홈페이지에 주문 내역을 올리는 서점도 있는데, 그 대표적인 서점이 교보문고와 주요 인터넷서점들이다. 매일, 서점 홈페이지에 로그인하고 주문 내역을 확인해야 한다. 마지막으로 '오더피아www.orderpia.com'라고 하는 인터넷 주문 서비스가 있는데, 이것은 전국의 수천 개 서점과 만여 개 출판사를 연결하는 일종의 주문 플랫폼이다. 이 홈페이지를 방문해서 출판사의 아이디와 비밀번호를 입력하면 전국 각지의 서점에서 우리 출판사로 주문한 내역을 확인할 수 있다.

주문 내역은 오늘 하루 출판사의 매출을 결정한다. 그러니 출판 사업도 지속가능성을 확보하여야 하는 경제 활동인 이상 주문 내역에 일희일비하는 것은 당연하다. 정답은 아니지만 경험상 주문은 월요일부터 금요일까지 대체로 우하향한다.

예스이십사 [파주물류센터/대구물류센터] 통합 주문서

- 발주번호 :1054050•/1053865•
- 거래처 : 서해문집
- 발행일시 : 2021-03-10 오전 8:34:51

순번	상품명+부제+특징1+구매혜택문구	시리즈명	시리즈 차수	센터별발주량			ISBN-13	저자	출판사	YES24 상품코드	정가	YES24 담당자
				파주	대구	합계						
1	[도서] 꽃피는 용산, 딸에게 보낸 편지						9788974835798	김재호 저	서해문집	8303819	16,000	
2	[도서] 나는 행복한 불량품입니다 생계형 마르크스주의자의 유쾌한 자본주의 생존기						9788974839277	임승수 저	서해문집	59508109	13,800	
3	[도서] 달콤 살벌한 한·중 관계사 공자 열풍부터 한국전쟁과 냉전까지, 얽히고설킨 두 나라 이야기						9791190893329	만인만색연구자네트워크 시민강좌팀 저	서해문집	94403184	17,000	
4	[도서] 도시는 역사다						9788974834715	김백영,박삼헌,박진한,신규환,김승욱,이영석,민유기,최호근,김수환,박진빈 공저	서해문집	5177125	15,000	
5	[도서] 매천야록 지식인의 눈으로 바라본 개화와 망국의 역사	오래된 책방	12				9788974832957	황현 저/허경진 옮김	서해문집	2161737	14,500	
6	[도서] 세계의 진실을 가리는 50가지 고정관념 국제뉴스를 의심해야 세계가 보인다						9788974837020	파스칼 보니파스 저/이영은 역	서해문집	15714360	10,900	
7	[도서] 세상 좀 바꾸고 갈게요 기후위기와 젠더문제가 공부만큼 중요하다고 믿는 십대들에게						9791190893497	제이미 마골린 저/정아영 역/그레타 툰베리 추천사	서해문집	97698165	14,800	
8	[도서] 신현림의 미술관에서 읽은 시 작가의 젊은날을 사로잡은 그림 하나 시 하나						9788974837686	신현림 저	서해문집	23691052	14,500	
9	[도서] 오디세이아	서해클래식	16				9788974833305	호메로스 저/김원익 역	서해문집	2796594	13,900	
10	[도서] 인간의 모든 죽음 어떻게 죽을 것인가, 어떻게 살 것인가						9788974830090	최현석 저	서해문집	88375059	22,000	
11	[도서] 자산어보 우리나라 최초의 해양생물 백과사전	오래된 책방	20				9788974838249	정약전,이청 공저/정명현 역	서해문집	34963708	12,900	
12	[도서] 자유로운 연극 독백: 여자 모놀로그 편	모놀로그	2				9788974833855	허용호 편	서해문집	3401002	18,000	
13	[도서] 제가 살고 싶은 집은 건축가 이일훈과 국어선생 송승훈이 e메일로 지은 집, 잔서완석루						9788974835316	이일훈,송승훈 공저	서해문집	7243492	18,000	
14	[도서] 제자백가, 인간을 말하다 성악설 vs 성선설, 위대한 사상가 10인이 말하는 인간 본성 이야기	제자백가 아카이브	4				9788974839888	임건순 저	서해문집	74839290	19,000	
15	[도서] 지구를 살리는 영화관						9788974839598	환경과교육연구소 저	서해문집	65496033	12,900	
16	[도서] 지슬 제주4·3의 끝나지 않은 이야기						9788974836498	김금숙 글,그림/오멸 원저	서해문집	12534205	14,900	
17	[도서] 청소년을 위한 연암 박지원 소설집	책상 위 교양	11				9788974833015	이가원,허경진 역	서해문집	2301676	9,800	
18	[도서] 카메라, 편견을 부탁해 낯선 생각을 권하는 가장 따뜻한 사진						9788974837525	강윤중 저	서해문집	22885074	13,900	
19	[도서] 한 학기 한 권 읽기 소박한 독서수업부터 깊이 있는 통합수업까지, '책 읽는 교실'을 꿈꾸는 모든 교사를 위한 실천 지침서						9788974839659	송승훈,하고운,김진영,임영환,김현민,김영란 공저	서해문집	65303854	19,000	
20	[도서] 향연 에로스의 모든 것에 대한 고찰	서해클래식	20				9788974833626	플라톤 저/김영범 역	서해문집	3105848	10,900	
			총 발주량 :	•	•	•	총 상품수 : 파주 •건, 대구 •건					

1. 각 센터별 발주량을 파주물류센터와 대구물류센터로 개별 배송해 주십시오.
   파주센터 : 경기도 파주시 탄현면 금승리 583-5 예스이십사 물류센터(전화) 031-944-4774)
   대구센터 : 대구광역시 달성군 다사읍 세천리 1695-2~5단지 예스이십사 대구물류센터(전화) 053-587-9078)
2. 입고 기한은 주문서 발행일 당일까지이며(대구센터는 발주일 익일까지), 출고 일정 변동 시 담당 MD에게 연락 주십시오.
3. 재고 품절/절판 또는 공급 수량 부족 시, fax 02)784-5327 또는logis@yes24.com으로 회신 바랍니다.
4. 기타 문의 사항은 담당MD에게 연락 주십시오.
5. 발주서는 SCM을 통해 더 빨리 확인할 수 있습니다. SCM 생성 및 이용 문의는logis@yes24.com으로 보내 주세요.

메일로 도착한 예스24의 주문서

매일 아침 이렇게 주문서가 메일로 들어온다.

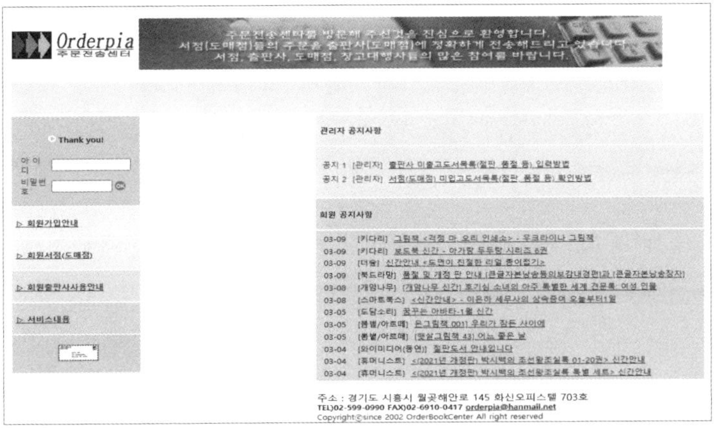

오더피아의 초기 화면

오더피아www.orderpia.com에는 우리나라의 대표적인 도매상뿐 아니라 다양한 서점들이 보내오는 주문서가 기재되어 있다.

여기서 독서와 관련한 상식 하나에 대해 언급한다.

일반인들에게 '독서의 계절'이 언제냐고 물으면 태반이 가을을 언급할 것이다. 그러나 이야말로 상식에 반하는 표현이다. 요즘처럼 책을 읽는 사람이 천연기념물이 되어가는 시점에는 일 년 365일이 '비독서의 계절'이지만, 예전에는 책의 수요가 계절에 따라 편차가 컸다.

책을 가장 많이 읽는 계절은 12월부터 이듬해 2월 무렵까지였다. 날씨가 추워지면서 독서의 수요가 늘어나기 시작했다. 새해가 되면, '올해는 책을 읽어야지.'라거나 '올해는 외국어를 배워야지.', '올해는 도스토예프스키를 읽겠어.' 따위의 다짐을 하기 마련인데, 그에 따라 책의 수요도 늘어났다. 신학기가 시작되면 공부하느라 교양서의 수요는 줄어들었고, 여름이 되면 다시 소설이나 가벼운 교양서의 수요가 증가하였다. 그래서 여름방학은 제2의 성수기였다. 그렇게 성수기가 끝나고 독서의 계절 가을이 오면 책의 수요는 급격히 줄어들기 시작했다. 세계적으로도 아름다운 대한민국의 가을에 누가 방구석에 처박혀 책을 읽겠는가. 그래서 '독서의 계절'은 책을 가장 멀리하는 계절이다. 그렇게 시간이 흘러 12월에 접어들면 다시 책의 수요가 증가한다. 이것이 과거 책이 삶의 필수품이던 시절의 흐름이었다.

그러나 오늘날 책 읽는 사람은 찾아보기 힘들다. 일 년 내내 책의 비수기다. 그래도 1년 중 책의 수요가 늘어나는 시기를 억지로 구분하자면 신학기가 시작되고 두어 달 지날 때까지를 꼽아볼 수 있겠다. 마지못해서라도 책을 구입하는 사람들이 있기 때문이기도 하고, 또 다양한 도서관들이 장서藏書를 구입하는 계절이기 때문이다.

출판사의 회의, 승수乘數 효과를 만들어가는 과정

회사 업무 가운데 가장 논란이 많은 것이 회의다. 회의가 많은 회사일수록 안 좋다는 말부터, 회의를 잘하는 회사가 좋은 회사라는 말까지 회의를 둘러싸고 벌어지는 일은 회사에서 매우 중요한 부분이다. 그렇다면 출판사에서 회의는 어떤 존재일까?

출판이라는 것은 말 그대로 끊임없는 기획이요, 창조의 과정이다. 같은 책을 똑같이 출간하는 회사는 없을 테니 말이다. 게다가 출판사는 대기업과 달라서 특별히 기획부서를 운영하거나 연구소를 운영하기도 힘들다. 그러니 출판사 직원 모두가 기획자요, 창조자가 되어야 한다. 그러기 위해서는 한 사람 한 사람의 능력도 중요하지만 그 사람들의 능력이 모여 승수 효과를 내는 것이 무엇보다 중요하다.

그 승수 효과를 내는 과정이 회의다. 그래서 회의가 진행되는 모습만 보아도 잘되는 출판사와 안 되는 출판사를 구분할 수 있다. 아무리 많은 직원이 모여도 말하는 사람만 말하고 나머지는 꿀 먹은 벙어리가 되는 회의가 승수 효과를 가져올 리 없다. 반면에 누구나 자유롭게 자신의 의견을 개진할 수 있다면 그 과정에서 누구도 예측하지 못한 결과를 낳을 수도 있다. 한 사람의 능력보다 두 사람,

세 사람의 능력을 중시해야 하는 조직이 출판사다.

출판사에서는 다양한 회의를 한다. 편집부 회의, 마케팅 부서 회의, 마케터와 기획자의 회의, 편집자와 디자이너의 회의, 편집자와 디자이너가 제작 담당자를 만나서 하는 회의, 그리고 이 모두가 모여 하는 회의 등이 활성화되면 그 출판사의 미래는 보장된 것과 마찬가지다.

바쁘지 않은 출판사가 돈을 많이 번다?

출판사가 어떻게 돌아가는지 잘 모르는 사람들은 출판사를 인쇄소와 동일시하는 경우가 많다.

"저 출판사 합니다."

"공장은 어디 있어요?"

"아, 출판사는 기획하고 원고 검토하고 디자인할 뿐 제작은 인쇄소나 제본소에서 합니다. 그래서 저희는 공장이 없습니다."

그렇게 설명해도 여전히 고개를 갸웃하는 분들이 많다.

또 다른 대화 하나.

"요즘 바쁘십니까?"

"예, 무척 바쁩니다."

"바쁘니 얼마나 좋아요? 이 불경기에."

정말 그럴까? 출판사를 해 보신 분들은 아실 것이다. 말 그대로 호경기를 누리는 출판사는 전혀 바쁘지 않다. 반대로 어려운 출판사일수록 더 바쁘다.

출판사에서는 기획하고 원고 검토하고 교정, 교열 보고 디자인하고 마케팅 활동을 한다. 이러한 활동에는 꽤 많은 돈이 필요하다. 그래서 출판사가 바쁘다는 것은 많은 돈을 쓴다는 말과 동일하다. 왜 돈을 쓰냐고?

그 책을 출간해서 많이 팔기 위해서다. 다시 말하지만 많이 팔기 위해서지 많이 팔릴 것이기 때문이 아니다. 많이 팔고 싶지만 팔릴지 안 팔릴지는 알 수 없다. 그러니 출판사가 바쁘다는 것은 미래의 불확실성에 투자를 많이 하고 있다는 것이다. 일반적으로 사업을 하는 분들이라면 바쁘면 돈도 많이 벌 것이라고 생각하기 마련이다. 그러나 출판사는 예외다.

그렇다면 정말 돈을 많이 버는 출판사는 어떨까? 《하루아침에 백만장자가 되는 법》이라는 책이 100만 부가 나간다고 치자. 그럼 출판사 내부에서 할 일은 별로 없다. 거래처에 연락해서 책 100만 부 만들어 달라고 하면 그뿐이다. 지업사(책을 만드는 데 필요한 종이를 공급하는 회사다)에 전화해서 100만 부 만드는 데 필요한 종이를 인쇄소에 공급해 달라고 한다. 종이가 어떻게 생겼는지 얼마나 많은지 알 필요가 없다. 지업사에서 인쇄소에 공급할 테니까. 그런 다음에는 인쇄소에 책 100만 부를 만들어 달라고 발주서 한 장만 팩스로 보내면 된다. 그럼 인쇄소에서 100만 부를 만들어 창고에 입고까지 해줄 테니까. 출판사는 마지막에 창고에 입고된 책에 이상이 없는지 확인만 하면 된다. 그것도 인쇄소에서 견본을 갖다 주기 때문에 앉아서 기다리면 된다.

주문은? 당연히 서점에서 온다. 그럼 그 내용을 물류회사에 전달만 하면 된다. 물론 이건 극단적인 경우다.

책을 많이 파는 출판사일수록 더 많은 책을 기획하고 편집하며 더 많이 홍보하고 마케팅 활동을 한다. 그러나 그 역시 미래를 보고 투자하는 것이다. 결국 출판사가 많은 돈을 버느냐 아니냐는 바쁘냐 아니냐로 판단할 수 없다는 것이다.

출판 환경의 변화는 더 많은 휴식을 요구한다

과거에 출판사에서는 이른바 '노가다'를 많이 했다. 그 대표적인 것이 대지작업이라는 것이었다. 요즘 출판을 하는 사람들은 상상도 할 수 없는 일이다. 대지작업은 책의 본문을 인화지에 출력한 후 출력한 인화지를 한 페이지 한 페이지에 맞게 잘라 붙여서 전체 책 페이지를 만드는 작업이다. 요즘 사람들은 이해하기도 힘들 것이다. 그러니까 사진을 출력하듯이 본문을 모두 출력한 후에 한 페이지만큼씩 잘라서 대지라고 부르는 두꺼운 판지에 붙이는 작업이다. 그렇게 만든 대지를 다시 사진으로 찍어서 인쇄할 필름으로 만들었다. 그러니 한 페이지를 붙일 때 솜씨가 부족한 사람이 붙이면 책의 본문이 삐뚤빼뚤해질 수도 있다. 물론 그 정도 되는 사람에게는 그 일을 시키지 않겠지만. 요즘은 그 작업을 당연히 컴퓨터가 한다.

그런데 그러한 작업을 할 때 무척 즐거워했던 기억이 있다. 책을 기획하고 편집한 후 디자인해서 마지막에 한 권의 책으로 꾸미는 작업을 하는 즐거움은 출판사 다니는 가장 큰 보람 가운데 하나였다. 대지작업을 할 때 머리는 쉬고 몸이 움직였다. 머리가 쉬고 몸이 움직일 때 스트레스는 풀린다. 그뿐이 아니다. 대부분의 출판사가 크건 작건 공간을 마련해 책을 회사에 보관하였다. 그러니 신간이 나오면 온 직원이 책을 나르곤 하였다. 그때도 몸을 움직였다.

오늘날은 어떤가. 편집, 디자인, 조판, 제작까지 출판 환경이 디지털화되면서 출판사에 근무하는 이들은 출근해서 퇴근할 때까지 머리만 움직인다. 그렇다고 몸을 움직이는 사람에 비해 덜 피곤하겠는가? 절대 그렇지 않다. 그러다 보니 금요일쯤 되면 머리가 납덩이처럼 무겁다. 쉬지 않으면 머리가 터질 지경이다. 대부분의 직종이 그렇다. 예전에는 단순작업과 머리를 쓰는 작업이 적당히 어우러져 있었는데, 요즘은 단순작업을 모두 기계가 하거나 다른 업체에서 담당한다. 그러니 일주일 내내 머리만 쓰는 사람들의 스트레스가 얼마나 심하겠는가. 퇴근시간이 되면 즉시 가서 쉬는 편이 낫다. '워라밸work-life balance'이라는 우아한 말이 아니더라도 현대 사회는 과거보다 훨씬 오래 쉬어야 한다.

오자병법
사미병법
David Ogilvy
Confessions of An Advertising Man
어느 광고인의 고백
Confessions of an Advertising Man
David Ogilvy
어느 광고인의 고백
데이비드 · 오길비 / 이낙운
산책
어쓸쓸한 날의 행
박남준

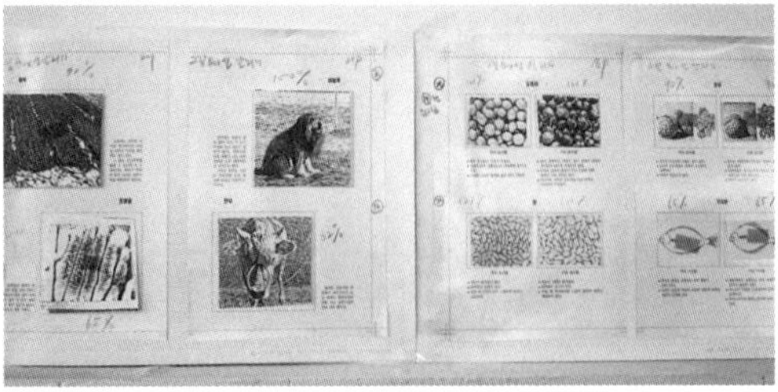

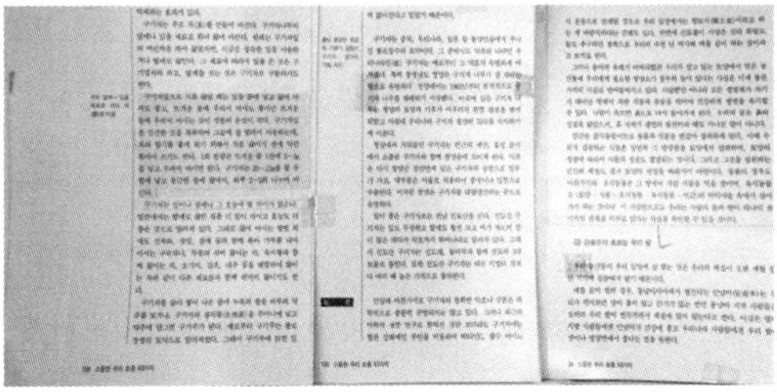

대지작업

과거에는 사진과 같이 출력한 인화지를 책의 판면에 맞추어 잘라 붙여서 한 페이지 한 페이지를 만들었다. 그러한 작업은 한 권의 책을 완성했다는 뿌듯함과 동시에 내 손으로 직접 책을 만든다는 기쁨도 전해주었다. 그러나 컴퓨터가 발달한 오늘날, 출판사 직원들이 느낄 낭만은 이미 기계에게 빼앗기고 말았다.

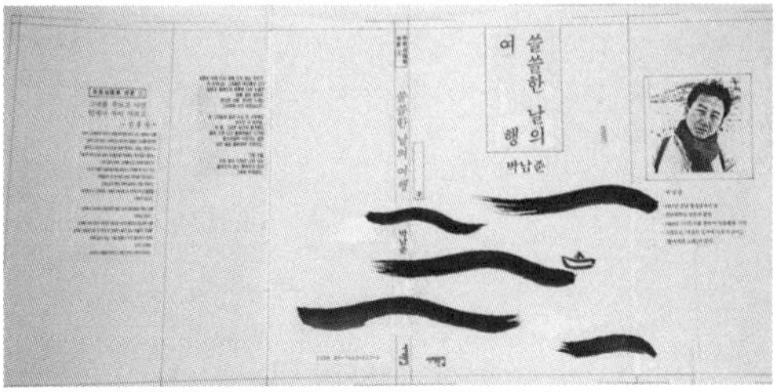

출판의 매력

출판사는 단 하루도 새롭지 않은 날이 없다. 다른 업종에도 그런 경우가 많이 있을 것이다. 그러나 출판사는 말 그대로 늘 새롭다. 라면 회사는 같은 라면을 30년 넘게 만들기도 한다. 가끔은 신제품을 만들지만 그것 역시 만드는 사람에게는 크게 다른 것이 아니다. 대부분의 공산품 회사는 늘 같은 제품을 만든다.

그러나 출판사는 단 하루도 같은 책을 만들지 않는다. 물론 어떤 책이 많이 팔리면 그 책을 끊임없이 만들어야 하는데, 그건 거래처인 지업사와 인쇄소와 제본소의 몫이다. 출판사에서 그 일을 담당하는 사람은 극히 일부이다. 출판사는 늘 새로운 책을 기획하고 편집하며 교정하고 디자인한 후 제작한다. 오늘은 '프랑스 혁명'을 설계하다가 내일은 조선 후기에 활약한 '홍길주의 머릿속'을 유영遊泳한다. 그런 까닭에 나는 태어나서 내가 결정한 것 가운데 가장 으뜸을 출판에 평생을 걸기로 작심한 것이라고 여긴다. 물론 그 과정에서 겪은 어려움과 지금도 겪고 있는 심란함을 누가 대신하겠는가. 그렇지만 이것 역시 다채로운 삶을 구성하는 요인 가운데 하나다. 그런 깔딱 고개와 언덕도 없다면 삶이라는 여정이 지루해서 어떻게 지치지 않고 갈 것인가.

오늘날 누군가가 출판사를 한다고 하면 주위 사람들, 또는 기왕에 출판을 하고 있는 사람들 대부분이 "절대 하지 말라."고 말릴 것이다. 그럼에도 지금 이 순간 출판사를 등록하고 새로운 책을 출간할 꿈에

부풀어 있는 분이 많을 것이다. 그리고 그 분들은 주위의 만류에도 아랑곳하지 않고 분명히 출판사를 시작할 것이다. 왜 그럴까?

"당연히 출판에 매력이 있지요. 그러니 출판을 하려는 것입니다."

그만큼 출판이라고 하는 작업에 매력을 느끼기 때문일 것이다. 아마 출판을 꿈꾸는 많은 분들이 이 말에 동의할 것이다. 그러나 이 말을 바꾸어 말하면 출판의 매력을 느끼지 못하는 분이라면 출판을 해서는 안 된다는 말과 같다.

역사가 되는 출판

출판의 가장 큰 매력은 역사를 남기는 일일 것이다. 이 일은 단순히 출판을 하려는 사람이 개인적으로 갖는 매력에 그치지 않는다. 인류 문명의 한 획을 긋는다는, 어찌 보면 성스러운 일에 동참하는 일일 테니까 말이다.

구태의연한 이야기지만 역사는 인류 문명을 기록하면서 시작한다. 그러니 출판을 한다는 것은 참으로 성스럽고 가치 있는 일이다. 출판인이 얼떨결에 출간했건, 온 정성을 다해 출간했건 그러한 책들이 결국 인류 문명이라는 거대한 탑을 세우는 데 필수적인 한 장 벽돌이 된다는 의미이니까. 이는 반대로 말하면 출판인이 제대로 구워지지 않은 벽돌을 어쭙잖게 내놓으면 그 벽돌로 인해 인류 문명의 한 부분이 삐끗할 수도 있다는 말이다. 그러니 이 매력은 마치 곡예사가 줄타기를 하듯 긴장 넘치면서도 위험한 일일지 모른다.

나는 오늘도 도서관(그곳이 대학생 시절 꿈을 키웠던 모교 도서관일 수도 있고, 집 근처에 있는 다양한 도서관일 수도 있는데)을 다니면서 가끔 서가에서 우리 출판사 이름으로 출간한 책들을 발견한다. 그러다 부끄럽기 그지없는 책을 발견하면 얼굴이 화끈거리는 경험을 자주 한다. '내가 이런 책을 출간했구나.' 그 순간 그 책을 갖다 분서焚書하고 싶은 마음이 굴뚝같이 인다. 그러나 도서관에 한 번 입고된 책은 절대 버릴 수 없다는 말을 듣고 나면 절망감에 사로잡힌다.

함께하는 출판

출판의 다른 매력은 내가 전달하고자 하는 가치를 동시대인들과 함께한다는 것이다. 출판을 하는 사람 치고 자신이 가치 있다고 느끼지 않는 내용을 출간하는 경우는 별로 없을 것이다. 그러니 자신이 출간한 책에 여러 사람이 공감하고, 그 내용으로 인해 더 풍요로운 삶을 살게 되었다면 그보다 신나는 일이 어디 있겠는가.

내가 모르는 가치를 창조하고 기록한 저자를 발굴하여 그 분의 창작물을 전파하는 즐거움 또한 결코 적지 않다. 그 누구도 생각하지 않은 출판물을 처음으로 기획하고 출간하여 독자들에게 전달하는 것은 모든 출판인이 꿈꾸는 일일 것이다.

물론 그러한 과정이 쉬운 것은 아니다. 그러나 그러한 일을 통해 새로운 출판물을 독자에게 선보이고 많은 독자들이 그 출판물을 찾아 조금이라도 새로운 즐거움을 얻는다면 그보다 더 보람찬 일이 또 있을까 싶다. 이는 출판의 알파라 할 기획에 관한 일이라서 성공의 경험이 되었건 실패의 경험이 되었건 도움이 될까 싶어 '세상에 책이 이렇게 많은데 무슨 책을 낼 수 있을까?' 부분에서 자세히 언급하겠다.

부가가치세 면세업종

마지막으로 참으로 단순하고 실질적인 것인데, 평생 출판만을 하면서 호구지책을 해결할 만큼 경제적 도움이 된다면 그야말로 신나는 일일 것이다.

현실적으로는 출판해서 돈 벌어봐야 다른 사업으로 버는 것에 비교할 수 없다. 아무리 유명 저자라고 해도 재벌은커녕 갑부 되기도 힘들다. 그저 먹고사는 문제를 해결할 뿐이다. 그뿐이랴. 먹고사는 문제를 해결하는 출판사도 그 비율이 절대 높은 것은 아니다. 우리나라에 6만 개 남짓 출판사가 등록되어 있다는데, 그 가운데 출판만을 영위하면서 호구지책을 해결하는 곳이 얼마나 될지 자못 의심스럽다. 아무리 긍정적으로 보더라도 1만여 곳이 될까 싶은 게 현실이다.

얼마 전에 평생 금융업에 종사하다가 출판을 시작하신 분을 만난 적이 있다. 그 분 말씀을 옮겨보겠다.

"아니, 출판사 규모가 이렇게 영세합니까? 대한민국 사람 가운데 그 이름을 모르는 사람이 없을 만큼 유명한 출판사 매출이 고작 이 정도라니 말입니다."

맞다. 삼척동자도 다 아는 단행본 출판사 매출이 300억 원 남짓에 불과하다. 아무도 기억하지 못하는 다양한 분야의 중소기업 매출만도 못하다. 그런데도 그런 출판사 이름을 모르는 시민은 거의 없다. 나쁘게 말하면 출판이라는 것이 빈 수레가 요란한 업종이고, 좋게 말하면 그만큼 사회에 끼치는 영향력이 큰 업종이다. 고작 수억 원의 매출을 올리는 출판사도 꽤나 이름을 가지니까 말이다.

경제적인 시각에서만 본다면 출판은 절대 큰돈 버는 사업이 아니다.

100여 권의 책을 출간한 후 전 국민을 상대로 판매하는 출판사가, 동네에 있는 아이스크림 전문점만도 못한 매출을 올리는 것을 보고 자괴감을 느끼지 않을 출판인이 어디 있겠는가. 그러나 현실은 그렇다. 그렇기 때문에 출판사는 사업적 측면에서 여타 사업과 조금 다르다.

출판업종이 보기 드물게 부가가치세 면세업종으로 지정된 것도 그런 특성을 반영한 것이다. 각종 학교는 물론이고 전국 지방자치단체들이 앞다투어 공공도서관을 건립하고 운영하는 것 역시 출판이라는 활동의 의미를 곱씹어보게 만든다.

세상 모든 상품 가운데 고객을 소비자라고 부르지 않는 업종은 출판이 거의 유일하다. 책을 구입하는 분은 '소비자消費者', 즉 '써버리는 사람'이 아니라 '독자讀者', 즉 '읽는 사람'이다.

그러니 많은 돈을 버는 것만이 목적인 사람이라면 결코 출판사를 운영하지 않기를 바란다. 나쁜 책은 마약이나 살인만큼이나 사회와 사람을 병들게 한다. 물론 '나쁜 책'의 기준이 무엇이냐고 묻는다면 그 누구도 딱 부러지게 말하지 못할 것이다. 그러나 누가 뭐라고 안 해도 자기 자신은 안다. 내용이 나쁜 책, 나쁜 욕심을 가지고 만든 책, 많이 팔기 위해 온갖 수단을 이용하는 책.

돈 버는 것을 누가 말리겠는가. 그러나 돈 버는 방법이 부정적이고 악의적이라면 그 또한 용납해서는 안 될 것이다. 출판계에 그런 출판사가 적지 않다. 그런 출판사 운영하는 사람들 자신은 잘 알고 있을 것이다. 제발 다른 사업을 하시라. 그렇지 않아도 청소년들 이용해 돈 벌겠다고 혈안이 된 자들 투성이고, 나약한 사람들 이용해서 돈 벌겠다는 자들이 난무하는 사회다.

반면에 출판의 정신을 잃지 않으면서 호구지책을 해결하는 분들이라면 매일 아침 자신의 삶을 주관하는 누군가(부처님이건 하느님이건 알라신이건 공자님이건, 내게 그런 의지와 힘을 주신 조상님이건 누가 되어도 괜찮다)에게 감사의 인사를 드리는 것이 어떨까.

출판사는 경제적으로 어떻게 운영해야 할까?

출판사를 운영하는 분으로부터 책을 구입하는 분, 나아가 저자를 비롯해 책에 관심을 가진 모든 분들이 궁금해하실 내용이 바로 "출판사는 경제적으로 어떻게 운영할까?"일 것이다. 여기에는 다양한 이유가 있으니 차근차근 살펴보기로 하자.

책은 거의 유일하게 정가제가 적용되는 물건이다. 시장경제에서는 모든 제품이 수요가 늘면 가격이 오르고, 수요가 줄면 가격이 내려야 한다고 믿는다. 그래서 대부분의 제품에는 정가가 없고(눈 가리고 아웅이지만 '판매가'라고 붙어 있다), 정가가 있다고 해도 판매자 마음대로 할인해서 팔 수가 있다. 그런데 책은 '도서정가제'라는 제도를 통해 특별한 경우가 아니면 마음대로 할인해서 팔 수가 없다.

세계적으로도 많은 나라들이 도서정가제를 채택하고 있다. 일본, 독일, 프랑스, 이탈리아 등 도서정가제를 채택하는 나라 대부분은 우리처럼 자국의 고유 언어를 가진 나라들이다. 시장경제를 일찍부터 채택하고 우리보다 훨씬 발전된 제도를 채택하는 나라들이 그럴 때는 다 그럴만한 까닭이 있을 것이다. 그 나라들 역시 다른 제품은 마음대로 할인을 해서 판매할 수가 있는데 말이다.

참고로 다른 나라와 같은 언어를 사용하는 나라, 이를테면 영국과 미국, 캐나다 등은 아무리 자국에서 도서정가제를 채택해도, 같은 언어를 사용하는 다른 나라에서 만든 책이 수입된다. 그래서 다른 나라와 같은 언어를 사용하는 나라들은 도서정가제를 채택할 수 없다. 이를 가지고 어떤 사람들은 "왜 미국에서 하지 않는 제도를 우리나라에서 하느냐?"고 말한다.

그렇다면 왜 일본이나 독일, 프랑스, 이탈리아는 도서정가제를 하는지 궁금하지 않으신가?

오늘날 세계 각국 사이에는 대부분의 제품이 장애물 없이 교역되고 있다. 스페인산 치즈는 물론 미국산 오렌지, 중국산 고춧가루부터 히말라야산 차까지 전 세계 상품 가운데 우리나라에 수입되지 않는 제품이 거의 없다. 수입에 장애가 되는 것은 제도나 제품의 성격이 아니라 오직 가격뿐이다. 가격만 맞는다면 그 어느 제품도 수입하지 않을 까닭이 없다.

그러나 거의 유일하게 책만은 수입하지 않는다. 물론 특별한 책들은 수입하지만 그건 말 그대로 특수한 경우다. 대부분의 책은 수입해 봐야 팔리지 않는다. 왜? 읽을 수 없으니까 말이다. 결국 책이라는 상품은 단순히 상품의 성질만 갖는 것이 아니다. 책은 그 나라의 문화, 언어와 깊숙이 연결되어 있다. 책의 특성은 이로부터 출발한다.

책의 특성은 이 외에도 많다. 우리 국민이 먹고 살아야 하는 식량이 부족하면 누가 뭐라고 하기 전에 세계의 곡물 메이저(곡물을 수출입하는 세계적인 상사)들이 벌떼처럼 몰려들어 전 세계에서 수확한 곡물을 팔기 시작한다. 다른 제품 역시 마찬가지다. 그러나 예외인 경우가 하나 있다. 바로 우리 고유의 문화다.

'조선 경제사상'이 궁금하다고 해서 그 어느 장사꾼도 거기에 투자하지 않는다. '고려시대에 지눌의 사상이 어떻게 사회에 영향을 미쳤는지'에 대해서도 장사꾼 누구도 궁금해 하지 않는다. 결국 우리 고유의 문화를 육성하고 보존하며 미래에 전하는 역할은 우리 스스로 할 수밖에 없다. 출판은 바로 그런 역할을 하는 것이다.

출판, 즉 책이라는 상품에 부가가치세를 면제해 주고, 다른 제품과는 달리 판매가격을 보장해 주는 등 다양한 특혜(출판사를 하는 사람들은 결코 특혜라고 여기지 않지만 시민들 가운데는 그렇게 여기는 분들이 있을 것이다)를 제공하는 까닭이 여기에 있다. 출판사는 오로지 수익만 보고 운영할 수 없는 운명을 타고난 조직이기 때문이다.

국가도 출판사들이 그런 역할, 즉 우리 고유의 문화를 보존하거나 반드시 필요한 지적 정보를 보급하는 역할 따위를 정부를 대신해서 한다는 사실을 인정한다. 특수한 나라(그 대표적인 나라가 조선민주주의인민공화국이다. 이 나라는 모든 출판물을 정부가 출간한다)를 제외하면 많은 나라들이 출판사 또는 출판물에 지원을 아끼지 않는다. 만일 그런 지원을 아끼면 모든 출판사들이 오직 수익성이라는 한 가지 기준만을 가지고 출판할 것이고, 그렇게 되면 '벨기에의 종교 발전 과정'이니 '덴마크 원주민의 생활상', '뉴질랜드의 자연 현상' 같은 문화들은 당연히 사장되고 만다. 우리나라도 다르지 않다.

이것이 출판과 여타 산업의 차이점이다. 그러하기에 많은 출판사들은(당연히 모든 출판사가 그런 것은 아니다) 어떤 책은 수익성을 기준으로, 또 어떤 책은 출간해야 하는 당위성을 기준으로 책을 출간한다. 출판사마다 다르겠지만 우리 출판사를 기준으로 본다면 5:5 정도인 듯하다. 0:10으로 출간하고 싶지만 그랬다가는 얼마 못 가 출판사 문을 닫게 된다. 그러니 50%의 책에서 거둔 수익으로 꼭 내야 한다고 판단하는 책을 출간한다. 물론 시장 상황에 따라 그 비율 또한 변할 수밖에 없다.

한 나라가 제대로 지속되기 위해서는 출판 시장이 활성화돼야 하는 까닭이 여기에 있다. 출판 시장이 위축될수록 출간을 포기하는 책은 형편없는 책, 돈을 기준으로 출간하는 책이 아니다. 우리 겨레, 우리나라를 위해 계발하고 보존하고 발전시켜야 하는 문화를 담은 책들, 즉 수익성이 떨어지는 책이 먼저 사라지고 만다. 그러다 보면 명색만 나라이지 속을 들여다보면 땅과 사람만 가진 나라가 되고 만다. 역사를 공부해 보면 그런 나라의 운명을 알 수 있다.

적어도 출판이라는 정신을 조금이라도 품고 있는 출판사라면 그렇게 운영한다.

수익을 바라고 출간하는 책과 내가 아니면 사라지고 말 문화를 지키기 위해 출간하는 책을 적절히 구성하며 오늘도 수익과 당위 사이에 줄타기를 한다.

출판사 창업,
이것만은 알고 가자

왜 책을 출판사로 가져오세요?

처음 출판을 시작하려고 할 때를 생각하면 돈키호테도 이런 돈키호테가 없었다.

아무 준비도 하지 않은 상태에서 무작정 도매상을 찾아가 아무나 붙잡고 "제가 출판사를 하려고 하는데 어떡하면 될까요?" 하는 질문도 했다.

그뿐인가. 첫 책을 출간한 후 갑자기 사람들이 책을 트럭에 싣고 두 평짜리 사무실로 들이닥쳐 "책 가져왔습니다." 하기에, "왜 책을 여기로 가져오세요?" 하고 되물은 적도 있다.

"출판사에서 책 만들지 않았어요?"

"우리가 만든 책 맞아요."

"그러니 가져왔지요."

"아니, 서점으로 가져가셔야죠."

"당신들이 만들었는데, 왜 서점이 가져가요?"

"그럼 서점에는 누가 갖다 주나요?"

"당신들이 알아서 갖다 줘야지요."

지금 생각해보아도 어이가 없는 일이다. 그러나 사실이 그러했다. 그렇게 출판사를 시작할 수도 있다. 오늘날 출판을 처음 시작하는 이들 가운데에는 많이 알고 시작한 사람이 있는가 하면 이보다야 낫겠지만 오십보백보인 사람도 있을 것이다. 이런 시행착오를 겪지 않도록 처음 출판을 시작하려는 분들에게 출판사 운영에 필수적인 사항을 알려드린다.

출판은 정신을 물질에 얹는 활동, 돈이 핵심이다

자본주의 사회가 아니더라도 무언가를 생산하기 위해서는 자원이 필요하다. 자본주의는 그 자원이 자본인 것이 특징이라면 특징일 것이다. 그리고 자본은 곧 돈이다. 출판이라는 사업 역시 돈을 떠나서 존재할 수 없다.

앞서 언급한 바 있지만 오직 돈을 추구하는 사람들은 출판을 해서는 안 된다고 했는데, 이제는 출판의 핵심이 돈이라고 하니 독자 여러분도 헷갈리실 것이다. 그러나 현실이 그렇다. 출판은 공익과 사익의 경계선을 아슬아슬하게 걷는 곡예와 같은 일이다. 사익만 추구하면 출판사가 아니라 장사치가 될 것이고, 공익만 추구하다가는 얼마 안 가 통장 털고 집 판 후 거리에 나앉게 될 것이다.

얼마 전 파주출판도시에서 문화체육관광부의 지원을 받아 운영하는 출판창업보육센터장을 맡은 적이 있다. 그때 출판을 처음 시작하는 분들, 출판에 꿈을 품고 오신 분들에게 가장 강조한 말은 이것이었다.

"돈을 목숨 줄이라고 여기고 잡으십시오."

맞다. 돈 없으면 아무리 좋은 뜻도 펼치기 힘든 것이 자본주의 사회다. 특히 출판은 정신을 물질에 얹는 활동이다. 그러니 정신이 아무리 좋아도 물질이 없으면 할 수 없다. 그리고 물질을 구하려면 돈이 있어야 한다.

처음 출판을 시작하는 분들은 모두 자신이 설계한 범위 내에서 일정한 자금을 확보하고 계실 것이다. 그러나 출판 초창기에는 의욕이 앞선 나머지 돈을 헤프게(이때 헤프게는 내 시각에서 그렇다는 말이다. 그분들은 절대 헤프다고 생각하지 않으실 것이다) 투입하기 쉽다. 그리고 책을 출간하면 그 책들이 팔려서, 투여한 자금이 금세 되돌아올 것이라고 생각한다.

그러나 그런 일은 극히 드물다. 설령 투여한 자금이 금세

파주출판도시 출판창업보육센터

오늘도 출판사 창업의 꿈을 품은 분들이 전국 각지에서 출판사 등록을 하고 부푼 꿈을 안은 채 신간 출간 준비를 한다. 그러나 자본주의 세상은 냉혹하기에 사전에 철저한 준비를 하지 않으면 실패를 맛보기 쉽다. 특히 경제관념이야말로 가장 중요하다. 출판이 아무리 문화적 성과를 향해 나아가는 작업이라고 해도 그 기반은 돈이기 때문이다.

들어온다고 해도 그 돈을 다시 목숨 줄로 여기고 아끼고 또 아껴야 한다. 왜냐하면 출판은 목돈을 들여 푼돈을 거둬들이는 방식으로 운영되는 사업이고, 또 창업은 쉬우나 폐업은 어려워서(이에 대해서는 뒤에 상세히 설명할 것이다) 한 번 출판의 길로 들어서면 거기서 벗어나기 힘들기 때문이다.

돈이 없으면 머리도 굳는다

돈을 목숨 줄로 여겨야 하는 까닭은 또 있다. 출판은 기본적으로 머리로 하는 사업이다.

처음 출판사를 이사해야 할 때 가벼운 마음으로 이삿짐센터에 연락을 했다. 왜냐하면 책은 묶기도 쉽고 던진다고 해서 깨지지도 않을 테니까. 게다가 옮길 때도 조심할 필요가 없으니 이사하는 데는 가장 쉬운 짐이라고 여겼다. 그런데 의외의 반응이 돌아왔다.

"출판사요? 그럼 돈을 더 주셔야 하는데요."

그때서야 알았다. 이삿짐센터에서도 책이 많은 집 이사는 가능하면 피한다는 사실을. 하물며 집도 그러한데 책만 다루는 출판사 이사라면 말할 필요도 없을 것이다. 그 후 알게 된 사실 가운데 또 하나는 출판사에서 사용하던 차는 중고차 시세도 싸다는 것이다. 차도 책 많이 싣고 다닌 차는 제값을 받을 수 없었다.

그렇지만 그 무겁고 힘든 책을 만드는 데는 몸이 아니라 머리를 동원해야 한다. 부디 정신건강을 소중히 하는 분들은 출판사를 하지 말 일이다. 이 대목에서 놀라운 사실이 하나 있다. 돈에 쪼들리면 머리가 움직이지 않는다는 것이다. 출판사를 처음 시작하고 경제적으로 쪼들리기 시작하자 거짓말처럼 머리가 돌지 않았다. 머릿속에 오직 돈 생각밖에 떠오르지 않으면서 무슨 책을 출간해야 할지 아무런 생각도 들지 않았다. 온종일 책상 앞에 앉아 있어도 아무 생각이 떠오르지 않았다. 훗날 출판계에서 나름대로 기획력이 있다고 인정받았는데, 돈이 없으니까 그런 능력이 거짓말처럼 사라져 버린 것이다.

그 후 출판계를 떠나 다른 일을 하면서 경제적으로 안정을 되찾자 온갖 기획이 떠오르기 시작하였다. 그때부터 출판을 하는 데 가장 중요한 것은 머리가 아니라 돈이라는 사실을 잊지 않았다. 처음 출판을 하시는 분들에게 돈 이야기를 가장 먼저 하는 까닭이 여기에 있다.

2억 원이 큰돈이라고요?

출판을 처음 시작하시려면 적어도 21세기 대한민국 돈으로 2억 원 정도는 조달할 능력을 갖춘 후에 시작하라고 강력히 권한다. 지금 당장 현금 2억 원을 가지고 시작하라는 것이 아니다. 최악의 경우 은행을 동원하건 가족을 동원하건 2억 원 정도는 조달할 능력을 준비하고 시작해야 한다는 것이다.

물론 첫 번째 출간한 책이 운 좋게 수만 부 나가면 준비한 돈을 쓰지 않고도 출판사를 운영할 수 있다. 그렇다고 해서 평생 출판을 할 기반이 닦이는 것은 아니다. 30년 넘게 출판을 하면서

부침을 겪어오는 동안 주위 출판사들이 어떻게 움직이는지 숱하게 보아왔다. 그 후 머리로 내린 결론이 아니라 수많은 출판사들의 좌절을 보면서 현실적으로 내린 결론은 다음과 같았다.

첫째, 우연히 베스트셀러 낸 출판사가 오래가는 경우는 극히 드물다.

둘째, 출판사의 생명력은 매출이 아니라 출간 종수에 있다.

셋째, 출판은 콘크리트로 짓는 고층빌딩이 아니라 벽돌을 쌓아 올리는 단층집이다.

처음 출판을 시작하는 분들에게는 이 말이 도무지 와닿지 않을 것이다. 그러나 혹시 십 년 이상 출판을 하게 되면 그때 이 말이 옳은지 그른지 확인해 보시기 바란다.

왜 2억 원이냐고 물으시면 이렇게 답하겠다.

책 한 권을 출간하는 데 거칠게 계산하면 1천만 원에서 2천만 원 정도가 소요된다. 그럼 2억 원을 투자한다면 최대 20권을 출간할 수 있다.

출판사에 근무한 경험이 없는 분들은 상상하기 힘들겠지만, 특별히 잘 나가는 책이 있는 경우가 아니라면 출간한 지 몇 달 지난 책의 하루 평균 주문량은 보통의 경우 5부 이내, 아니면 1~2부 수준에 그친다. 그러니까 20종을 출간했는데, 평균 하루에 50부

주문이 오면 선전善戰하고 있다는 말이다. 그렇다면 매출은 얼마나 될까? 평균 하루 매출은 50만 원 정도. 한 달이면 1천만 원 정도다. 2억 원 들여서 20종 책 만들고 나니 한 달에 1천만 원 매출을 올린다는 말이다. 순이익도 아니고 매출이 1천만 원이라니 상상이 가시는가? 문제는 이 매출금액이 모두 수금되는 것도 아니다. 그럼 출판사는 이 돈 가지고 인건비, 물류비 등 경상비를 지출하고 다음에 낼 책까지 준비해야 한다. 이게 현실이다. 그러니 그런 물질적·정신적 준비를 하지 않으면 낭패를 당할 수 있다는 말이다.

한 마디 덧붙인다면 초기에 2억 원의 자금을 투여해 평생 출판사를 운영할 수만 있다면 성공한 출판인이라고 인정받을 만하다. 그만큼 출판사를 운영하면서 생계를 유지하는 일이 어렵다는 말이다. 처음 출판을 시작하는 분들은 이 말을 새기고 또 새기실 일이다. 그리고 결과가 좋으면 잊어버리셔도 된다.

시작이 반이다.
원고를 확보하라

대한민국에서 출판사를 시작하는 것은 무척 쉽다. 행정적으로도 그렇고 현실적으로도 그렇다. 그래서 그런지 처음 출판사를 시작하는 분들은 향후 출판사를 어떻게 끌어갈 것인지를 오래도록 고민하기보다는, 일단 출판사 등록하고 사무실 얻는 등 실제적인 활동에 힘을 기울이는 듯하다. 필자 역시 마음으로는 무수히 꿈꾸고 준비했지만 실제로는 너무 쉽게 시작했기에 할 말이 없다. 아니. 그러하기에 오히려 할 말이 많다.

우선 말씀드리고 싶은 것은 시작은 단순히 시작이 아니라 시작이 반이라는 말이다. 출판사 이름을 정하는 것부터 무슨 분야의 책을 출간할 것인지, 나의 출판 철학은 무엇인지, 출판을 왜 하는지, 언제까지 할 것인지 따위 모든 문제를 돌아본 다음 출판사를 시작해야 한다. 앞서 설명한 경제적 토대는 두말할 나위도 없다. 특히 중요한 것이 향후 출판 계획을 세우는 것이다.

처음 출판을 시작하는 분들에게 묻는 말이 있다.

"준비한 원고가 얼마나 되세요?"

이 말에는 여러 가지 뜻이 함축되어 있다.

우선 한 권의 책을 출간하기 위해서는 상당한 돈이 들어간다. 그러니 몇 권의 책을 출간할 것인지 준비했다는 것은 그만큼의 책을 출간하는 데 필요한 경제적 계획을 세웠다는 말이다.

다음으로, 준비한 원고를 보면 향후 어떻게 출판을 해나갈 것인지 스스로 돌아볼 수 있다. 경제경영부터 문학, 인문학, 어학, 철학, 자기계발, 역사, 정치, 예술 분야의 원고를 각각 하나씩 준비한 사람은 거의 없을 것이다. 자신이 준비한 원고를 자세히 살펴보면 스스로 어떤 분야의 출판을 계획하고 있는지 알 수 있다. 이는 향후 몇 년, 어쩌면 평생의 출판 방향을 결정짓는 중요한 설계다.

준비한 원고의 숫자 또한 중요하다. 대부분 많아야 10권 내외의 원고를 준비하고 창업하는 듯하다. 사실 10권을 준비하는 사람도 그리 흔한 것은 아닐 것이다.

그러나 이 정도 원고를 준비하고 창업하는 것도 바람직하지 않다고 여긴다. 처음에는 5권의 원고도 많다고 여길 것이다. 그러나 막상 창업을 하고 나면 그때부터는 하루가 물 흐르듯 흘러간다. 그러다 보면 한 달, 6개월, 1년이 어떻게 지나갔는지 알 수 없을 만큼 빠르게 흘러간다. 물론 경제적 어려움이 없을 때 말이다. 상당한 자금력과 조직을 갖추어 창업한 경우가 아니라면 몇 권 내지도 않았는데 이미 세월이 흘러 지치는 시기가 다가온다. 현실적으로 원고가 준비되었다 하더라도 교정, 교열 보고 제목 정하고 디자인 정하는 데 상당한 시간이 든다. 그러니 10권의 원고를 준비했다고 하더라도 서너 사람의 인력을 갖추지 않았다면 열심히 일해도 상당한 시간이 든다. 그럼 한 달 내내 한 권의 책도 출간하지 못하는 순간이 온다.

그때 나를 지치지 않게 지탱해 주는 것이 바로 준비한 원고다. 어느 정도 경험이 쌓이면 준비한 원고들을 어떻게 출간할 것인지, 우선순위를 정하는 안목도 생기고 판매 가능성을 판단하는 능력도 조금씩 갖추게 된다.

반면에 원고가 바닥을 드러내기 시작하면 마음이 바빠지기 시작한다. 그러다 보면 제대로 판단이 이루어지기 전에 출간을 결정하게 된다. 사람은 누구나 마음이 바쁘면 우연히 구한 대안이라도 믿고 싶기 마련이다.

비단 출판 뿐이랴. 모든 사업이 그렇다. 마음이 바쁜 사람은 프랜차이즈 치킨집 간판만 보아도 가슴이 설렌다. 문만 열면 하루에 100마리쯤은 쉽게 팔릴 것 같다. 카페를 개업하는 사람도 그러하다. 한 시간에 세 팀, 그러니까 20분에 한 팀만 들어와도 하루 매출이 30만 원은 된다. 그럼 한 달에 900만 원. 그러나 막상 개업을 하고 나면 하루에 열 명 들어오기도 빠듯하다. 절대 마음이 조급하면 안 된다.

누군가 말했다. "돈이 바닥나지, 낼 책이 바닥나나?" 준비가 길면 길수록 실패 확률은 줄어든다.

누구와 일할 것인가?

책은 기본적으로 사람이 만든다. 출판 과정을 살펴보면 한 사람이 책 한 권 제작의 전 과정을 모두 해내는 경우는 거의 드물다. 책을 만드는 데에는 각 과정마다 전문성을 갖춘 인력이 필요하다. 소규모 출판사여도 편집, 디자인, 마케터는 반드시 필요하다. 물론 1인이 다역을 맡아 진행할 수도 있다. 하지만 출판 경험이 있는 경우에만 가능할 뿐 아니라, 출판사를 장기적으로 운영하는 데 있어서는 물리적, 시간적으로 어려움을 겪어 금세 지칠 수도 있다. 그러하기에 인력은 출판사가 갖추어야 할 필수 소프트웨어다.

다음은 출판의 처음부터 마지막에 이르는 전 과정을 요약한 것이다.

책이 만들어지는 과정

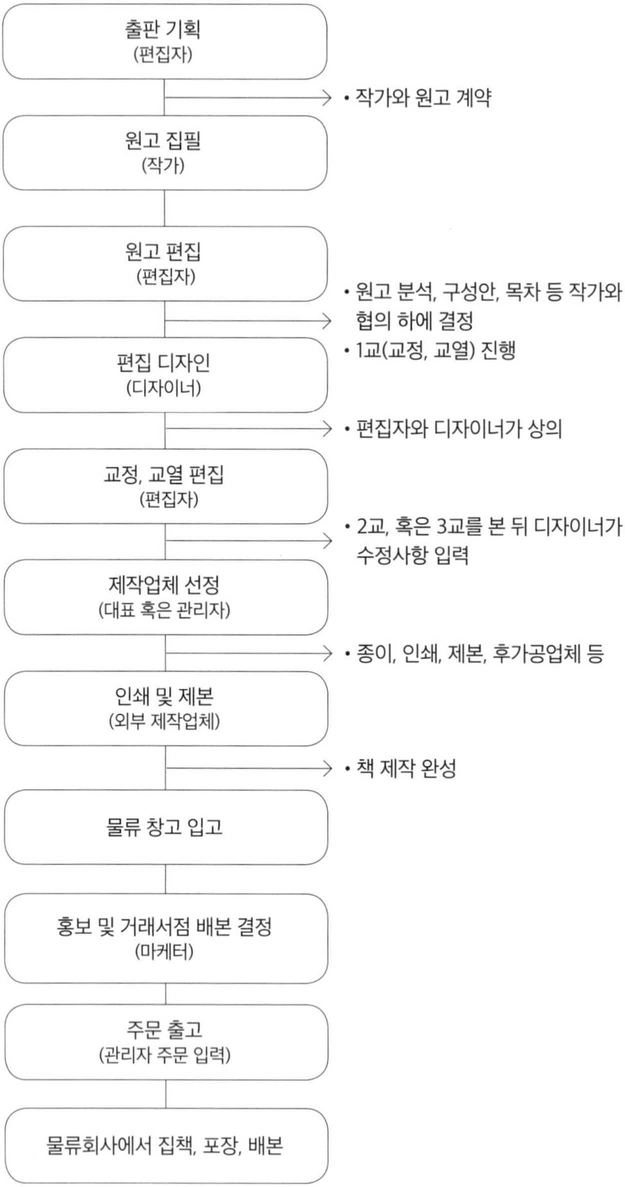
출판 기획
(편집자)
• 작가와 원고 계약
원고 집필
(작가)
원고 편집
(편집자)
• 원고 분석, 구성안, 목차 등 작가와 협의 하에 결정
• 1교(교정, 교열) 진행
편집 디자인
(디자이너)
• 편집자와 디자이너가 상의
교정, 교열 편집
(편집자)
• 2교, 혹은 3교를 본 뒤 디자이너가 수정사항 입력
제작업체 선정
(대표 혹은 관리자)
• 종이, 인쇄, 제본, 후가공업체 등
인쇄 및 제본
(외부 제작업체)
• 책 제작 완성
물류 창고 입고
홍보 및 거래서점 배본 결정
(마케터)
주문 출고
(관리자 주문 입력)
물류회사에서 집책, 포장, 배본

이 표에서 알 수 있듯이 책을 만드는 전 과정에 걸쳐 다양한 능력을 갖춘 사람이 필요하다. 그런데도 출판사 경험이나 출판 경험이 없는 분들은 책 만드는 과정 가운데 몇 과정 정도는 누구든(책 좀 읽은 사람이면) 할 수 있다고 여기는 경우가 많다. 절대 그렇지 않다. 물론 마지막에 책의 꼴을 갖춘 채 나온 결과물만 보면 모두 책으로 보인다. 그러나 책을 읽다보면 그 책을 만든 사람의 수준이 어느 정도인지 불과 몇 분이면 알 수 있다. 책은 겉으로 보이는 것이 전부가 아니다. 온통 글자로만 이루어진 페이지를 살펴보더라도 교정, 교열이 제대로 되지 않은 글, 디자인이 제대로 되지 않은 면은 금세 눈에 띄게 마련이다.

취미가 아니라 제대로 책을 만들어 독자에게 제공하고자 하는 분이라면 어느 한 과정도 허투루 넘겨서는 안 될 것이다.

다음에는 이러한 업무를 담당하는 직책의 구체적인 실무를 살펴보자.

편집자

출판 편집자는 저자와 북 디자이너, 마케터 사이에서 책의 콘셉트를 다듬고 숨결을 부여한다.

저자의 원고는 특별한 경우를 제외하고는 원고의 순서를 조정하고 목차를 부여하는 재구성의 과정을 거쳐야 한다. 게다가 문장이나 표현이 우리말 어법에 맞아야 하고, 맞춤법에 맞아야 하며, 띄어쓰기에 맞아야 한다. 책이 갖추어야 할 내재율과 논리를 갖추어야 하는 것 또한 당연하다.

결국 출판 편집은 날것의 원고를 보완하여 짜임새 있는 출판 원고로 재구성하며, 용례에 맞지 않는 표현들을 수정하여 최소한 책으로 펴낼만한 형태로 보완하는 과정이다.

한 마디로 말한다면 편집자는 책이라고 하는 배를 통제하는 선장이라고 할 수 있다. 그러므로 그 어떤 인력보다 먼저 갖추어야 할 직책이다.

창업자가 편집을 담당하지 않는다면 편집부 직원을 고용하거나 외주 편집자라도 구해 놓아야 한다. 그래야 최소한 책이라고 할 수 있는 모양을 갖출 수 있다. 외주 편집자와 함께 편집 업무를 할 경우에는 장기적인 협력 체계를 형성하여 진행하는 것이 책의 완성도를 높이는 데 도움이 된다.

북 디자이너

북 디자인은 편집된 원고를 책의 외양에 어울리게 꾸미는 작업이다. 일반인들 가운데는 북 디자인을 그림이나 사진, 표지 따위를 다루는 일로 아는 분이 많은데, 북 디자인의 핵심은 그림이나 사진, 표지가 아니라 글꼴(폰트, 글자) 디자인이다. 물론 책에 실리는 글자를 디자이너가 만드는 것은 아니다. 글꼴 디자인을 담당하는 사람이나 기업이 만든 글자들 가운데 적절한 것을 선택해 책의 제목, 내용에 걸맞게 사용하는 것이다. 그렇다고 해도 수천 가지 글자 가운데 책의 성격, 원고의 성격, 제목의 크기, 대상 독자, 함께 실리는 그림이나 사진과 어울리는 형태 등을 고려하여 글자 모양과 크기, 글자와 글자 사이 거리(이를 자간이라고 한다), 행과 행 사이의 거리(이를 행간이라고 한다), 한 페이지에 들어가는 글자의 숫자, 행의 숫자, 행의 길이 등 수많은 요소를 결정하는 것이 디자이너가 하는 일이다.

북 디자인이야말로 창의적이며 오랜 생명력을 갖춘 기본 디자인이다. 탁월한 북 디자이너는 모든 디자인에 영향을 끼치는 놀라운 성과물을 내놓는다. 디자인이 없는 책은 없다. 그러므로 북 디자이너를 구하는 것은 출판의 필수 요소다.

그러나 출판 창업자가 북 디자이너를 고용하는 것은 쉬운 일이 아니다. 우선 북 디자이너를 구하기도 쉽지 않을 뿐 아니라 북 디자인에 필요한 기계(하드웨어와 소프트웨어)를 구입하는 데도 상당한 비용이 필요하다. 그러므로 프리랜서 북 디자이너와 협업하는 길을 택하는 것이 효율적이다.

마케터

마케팅은 자본주의 사회, 그러니까 공급과 수요가 있는 사회에서 공급자의 입장에서 수요자를 찾아가 설득하는 매우 중요한 활동이다. 출판사라고 다르지 않다. 그러하기에 마케터는 출판을 사업적으로 운용하는 데 필수 인력이다. 이들은 출간하는 책의 배본 부수를 거래 서점의 책임자와 함께 결정하고, 예상 매출액에 준하는 홍보 계획을 집행하여 판매 목표 예상치를 향해 나아간다.

이 역할이 중요한 까닭은 책 유통이 '루트 세일즈' 형식이기에

출판사에서 일할 사람은 어디서 구하나요?

출판은 궁극적으로 사람이 하는 일이다. 어떤 사람이 하느냐에 따라 그 결과는 천차만별이다. 그러니 사람을 구하는 일처럼 중요한 일이 없다. 출판계에서 일하는 사람이라면 우리나라에서 웬만큼 활동하는 출판사에 대해서는 자세하건 어렴풋하건 대부분 알고 있다. 어떤 책을 내며, 어떻게 활동하고, 어떤 규모로 운영하는지 등을 말이다. 그런데 어느 순간 특정 출판사의 활동이 급변하는 경우가 있다. 그런 경우는 대부분 사람이 바뀐 경우다. 대표가 바뀌었건 직원이 바뀌었건 사람이 바뀐 경우다. 출판사의 건물이, 장소가 바뀌었다고, 돈줄이 바뀌었다고 출판사의 성격이 바뀌는 경우는 거의 없다. 그만큼 출판사는 사람이 중요하다.

그렇다면 출판사에서 일할 사람을 어디서 구해야 할까?

아는 분들이 많겠지만 출판사 인력을 구할 때 가장 많이 이용하는 곳은 북에디터www.bookeditor.org라는 사이트다. 이곳에 들어가면 편집자 광장이 있고, 거기에 구인구직 코너가 있다. 여기에 구하는 인재상을 올리면 된다. 어떤 내용을 올릴지는 다른 출판사의 사례를 참고하면 된다.

이곳을 이용할 때 유의사항이 있다.

우선 이곳은 웬만한 출판계 인재는 다 알고 있는 유명한 사이트다. 그리고 출판계라는 곳이 생각보다 좁다. 경험 삼아 올려보거나 부정확한 정보를 올리면 한 번은 속아도 두 번째부터는 “그 출판사는 이러이러하더라.” 하고 소문이 퍼진다. 그럼 오랜 기간 그 출판사에 대한 인식이 나쁘게 뿌리박힌다. 그러니 절대 함부로 구인 공고를 올리면 안 된다.

출판사 내에서 비윤리적인 활동을 해도 안 된다. 그런 내용도 순식간에 퍼진다. 그래서 북에디터는 단순히 구인구직을 하는 사이트가 아니다. 조금 과장한다면 출판사의 윤리적 신용도를 평가하는 곳일지도 모른다.

물론 억하심정을 가지고 의도적으로 부정적인 내용을 올리는 경우도 있을 것이다. 그러나 그런 것에 신경 쓸 필요는 없다. 매우 윤리적일 것까지는 아니더라도 비윤리적인 일을 일삼지만 않으면 부정적인 평가가 퍼지지는 않으니 말이다.

출판계의 구인 방식에 대해 가장 불만이 많은 분들이 출판계에 입문하려는 지원자들이다. 대부분의 출판사들이 경력자를 모집하기 때문이다. 경력자가 되려면 처음에 출판사에 입사를 해야 할 텐데, 초보자에게는 입사할 기회조차 주지 않으면서 경력자만 선호하는 출판계가 야속할 것이다.

반면에 출판사들도 할 말이 많다. 안 그래도 수익성이 떨어지는 출판사를 운영하는데, 출판을 체계적으로 가르치는 교육기관도 없다. 그러니 웬만한 초보자를 선발하면 신입 교육하는 데 몇 년이 걸리기도 한다(현실적으로 책 한 권을 스스로 책임지고 진행하려면 적어도 2~3년의 경험은 있어야 한다). 그 시간 동안 영세한 출판사로서는 투자를 해야 하는 입장이다. 그러니 어느 출판사나 경력자를 선호할 수밖에 없다.

그래도 최근에는 서울북인스티튜트Seoul Book Institute, 약칭 SBI에서 고용노동부의 지원을 받아 체계적으로 교육을 받은 인재를 배출한다. 그 외에도 잘 알려진 한겨레교육문화센터 출판학교에서도 양질의 커리큘럼을 운영하고 있다. 따라서 여력이 있는 출판사들은 이런 교육을 이수한 초보 출판인들을 채용하기도 한다. 그런 분들이 몇 년 후 출판계의 중추로 성장할 것이다.

또 하나! 처음 출판을 시작하는 분들이 인재를 구하기 어려운 현실이 있다. 그건 웬만큼 출판계에서 잔뼈가 굵은 인재들이 신규 출판사나 작은 출판사, 경제적으로 여력이 없는 출판사에는 지원을 하지 않는다는 것이다. 이야말로 아이러니인데, 진짜 능력 있는 인재를 필요로 하는 소규모 출판사는 인재를 구할 수 없고, 상당한 규모를 갖추고 경제적으로도 자립이 가능한 출판사는 시스템 자체가 작동하는데도 개인적인 능력을 갖춘 인재들이 몰리는 것이다. 그러니 자칫하면 출판계 또한 부익부빈익빈 현상이 발생할 수밖에 없다.

이상적으로는 뛰어난 인재가 신생 출판사에 입사해 출판사를 키우면 좋으련만 그런 일은 참 어렵다. 그러니 출판사 창업 초기에는 어쩔 수 없이 출판사 대표의 능력 발휘가 절실하다고 하겠다.

거래 서점 담당자들과 오랫동안 형성해 온 신뢰 관계 차이에 따라 같은 책이라도 그 판매의 규모가 달라질 수 있기 때문이다. 게다가 출판 시장의 트렌드를 예민하게 파악하여 출판사의 기획 방향에 필요한 유용한 데이터를 전하는 것 또한 마케터의 주요한 역할이다.

어디와 일할 것인가?

지업사, 인쇄소, 제본소

책이라고 하는 제품을 제작하는 곳은 출판사가 아니라 지업사와 인쇄소, 제본소 등 제작업체다. 출판사에서는 편집과 디자인을 통해 만든 신간을 파일 형태로 인쇄소에 보낸다. 이때부터 책의 제작 과정이 시작하는데, 종이 발주, 인쇄와 제본 과정을 거쳐 한 권의 책이 되어 나온다. 따라서 실력이 뛰어나며 출판사와 호흡이 잘 맞는 제작업체를 구하는 것은 필수적이다. 그러나 모든 면에서 입맛에 딱 맞는 제작업체를 구하는 것은 생각만큼 쉽지 않다. 그러니 먼저 출판 경험이 있는 선배나 경험자에게 소개를 받는 것이 좋다.

창고 및 배본 대행사

제작한 책을 어디에 보관하고 어떻게 서점으로 보낼지 결정하는 것은 출판사에게는 매우 중요한 과제이다. 처음 출판사를 시작할 때 자신의 창고를 소유하는 것은 힘들다. 따라서 자기 사무실에 보관한 후 매일 책을 포장해서 거래 서점에 보내거나, 출판사를 대신해 책을 보관하고 있다가 서점에 책을 배송해 주는 출판물류 대행 회사와 계약을 해야 한다.

우리나라에는 문화유통북스, 날개물류, 한국출판물류, 우진물류 등 십여 곳의 출판물류 대행 회사가 있다. 단 각 회사마다 계약 조건이 다르므로 잘 살펴보아야 한다. 그렇지만 출판물류 대행 회사의 비용 조건만을 우선해 판단하여 계약해서는 안 된다. 왜냐하면 물류 회사가 금융적 어려움에 처할 경우 보관하고 있던 출판사의 책까지 차압당하는 경우도 있을 수 있으니 어느 정도 안정성 있는 곳인지 살펴보고 진행하는 것은 필요하다.

거래 서점

구슬이 서 말이라도 꿰어야 보배라는 말처럼, 책을 만들면 서점을 통해 독자에게 다가가도록 해야 한다. 서점에는 인터넷 서점과 오프라인 서점이 있고, 오프라인 서점 가운데는 대형 서점과 도매상이 있다. 동네 서점이나 독립 서점 등은 도매상을 통해 거래하게 되므로 따로 거래를 할 필요는 없다.

독자들이 최소한 책을 구입할 수 있도록 하려면 전국의 소매점에 책을 공급해주는 도매상 한두 곳을 거래하는 것과 독자들의 구매가 많이 이뤄지는 대형서점, 온라인 서점을 거래하는 것이 필수다.

언론사 신간 홍보

신간이 나오면 가장 먼저 해야 할 일이 언론사와 다양한 홍보처에 책을 보내는 일이다. 이러한 일을 대행해 주는 업체도 있다. 대표적인 언론사 신간 홍보 대행업체로는 여산통신, 북피알미디어 등이 있다.

경리, 관리 담당에 관하여

경제적으로 여유가 있는 경우라면 편집자와 마케터, 관리자 이 세 사람을 필수로 갖추어야 하지만, 여러 사정으로 이 가운데 한 사람을 빼야 한다면 관리자를 빼야 한다. 편집자와 마케터는 출판사를 운영하는 데 필수적인 인력이다. 그런데 생각보다 많은 분들이 마케터보다는 관리자를 필수라고 생각하는 경향이 있다.

관리자가 하는 일을 정리해 본다면 다음과 같다. 업무 특성을 보면 창업 초기에는 관리자를 채용하지 않고 창업자 또는 마케터가 직접 경리, 관리 업무를 진행해도 어렵지 않음을 알 수 있다.

주문 도서 출고

앞서 살펴본 것처럼 매일 서점에서 들어오는 주문사항은 출판사 업무의 꽃이다. 팔지 못하는 책은 존재 가치가 없으니 말이다. 따라서 주문을 확인하고 배본 대행사에 그 내용을 전송하는 것은 관리자의 핵심 업무다. 주문은 낮 12시 이전에 출고해야 당일 배송이 가능하기 때문에 오전 시간에는 출고 입력 작업을 진행한다. 그러나 출판사 설립 초기라면 출고 입력 작업 시간이 오래 걸리지는 않을 것이다. 요즘은 출고 입력 시스템이 전산화 되어 있어 요령만 익히면 누구나 할 수 있을 뿐 아니라 배본 대행사에 따라 핸드폰으로도 출고 입력이 가능해 장소에 구애받지 않고 할 수도 있다.

경리 업무

출판사 경리 업무의 대부분은 서점과의 거래 내역 정리다. 이 또한 출판사 컴퓨터에 보관하고 있는 출판관리 프로그램(당연히 구입해야 한다)에 고스란히 담겨 있다. 그러니 대표가 컴퓨터에 저장된 내용을 출력해서 보면 한 달 주문 내역을 쉽게 확인할 수 있다. 또한 요즘에는 서점에서 지불을 받아야 하는 경우에도 대부분 전자어음이나 무통장입금을 받는다. 단 매달 초, 서점과의 매출 금액을 서로 확인하고 계산서를 발행해야 지급받을 수 있으므로 이게 안 될 경우 상당히 곤란하다는 점은 기억하자.

경리 업무를 보는 사람이 있는 경우에도 기장記帳은 회계사무소에 맡기는 경우가 대부분이다. 그러니 이 또한 경리에 정통한 사람이 아니더라도 누구나 시키는 대로 하면 된다.

물론 주문이 하루에 수백 부에 이를 만큼 많고, 관리해야 할 도서 종수도 늘어나면 경리 직원이 필수적이다. 그러나 출판사를 처음 시작하고 나면 첫 1년 동안은 출간 종수가 아무리 많아도 10종을

1인 출판사는 늘 시간이 부족하다

출판사 운영에 있어 편집자와 마케터는 필수 인력이다. 하지만 경제적 여유가 없어 혼자 다 해야 하는 경우, 즉 1인 출판사라면 오랜 준비 기간이 필요하다. 막상 출판사를 시작하면 시간적·경제적·물리적 여유가 없기 때문에 시간을 쪼개 써야 할 테니까 말이다.

그런데 일반적으로는 1인 출판을 시작하는 사람들이 오히려 서둘러 창업하는 경우가 흔한 듯하다. 왜냐하면 몸집이 가벼워 쉽게 활동을 시작할 수 있기 때문이다. 그러나 쉽게 시작할 수 있다는 말은 쉽게 지칠 수 있다는 말과 동일하다. 막상 시작한 다음에는 천천히 고민하고 시행착오를 겪을 겨를이 없다.

따라서 1인 출판을 하고자 한다면 반드시 2~3년 동안 해야 할 작업을 두루 준비한 끝에 시작할 것을 권한다. 출판사 초창기에 목숨 줄처럼 중요한 돈과 출간 원고를 최대한 확보하여야 하며, 출간 순서에 따라 외주 편집자, 외주 디자이너와의 파트너십을 형성하여 차근차근 출간을 시작해야 한다. 첫 책이 나오면 그 책을 들고 주요 서점, 도매상, 온라인 서점 등과 직거래 개설을 위해 움직여야 하며, 이때 경력자의 컨설팅을 통해 가급적 빠른 방법으로 진행하는 것도 도움이 된다.

1인 출판사를 운영한다는 것은 벅찬 부담을 혼자서 감당해야 하는 것이니만큼 운영에 필요한 여러 요소들을 사전에 찾아보고 설계와 거래 준비를 모두 끝내야 한다. 그렇게 하지 않고 시작한 후에 그런 일을 하려고 하면 더 중요한 일을 놓치기 쉽다.

출판사에 근무하다 독립해 1인 출판을 시작한 한 친구가 한 말이 생각난다.

"출판사를 다닐 때는 시간이 지나면 통장에 돈이 쌓였어요. 그런데 출판사를 시작하니까 시간이 지날수록 통장의 돈이 사라지기 시작하네요."

자기 사업을 하면서 직장 생활할 때를 생각하면 오산이다. 아무리 마음에 들지 않는 직장도 시간이 지나면 월급은 들어온다. 그러나 자기 사업을 시작하면 들어오는 돈은 적은데 나갈 돈은 끝이 없다. 하다못해 연필 한 자루, 겨울이면 기름 한 통도 자기 돈으로 사야 한다. 컴퓨터 전기세도 나간다. 그러니 예전에는 외출할 때 켜놓던 컴퓨터도 반드시 끄고 나간다. 자기 사업을 시작하는 사람 대부분이 꿈꾸는 자유란 절대 그냥 주어지지 않는다. 수많은 제약과 부담을 대가로 얻는 것이 자유임을 명심할 일이다.

소프트웨어 프로그램 이용 시 유의할 점

사무실을 운영하는 경우 조심해야 할 일이 하나 있다.

요즘은 개인의 경우에도 그런 경우가 거의 없는 것으로 알고 있는데, 그래도 참고하시기 바란다. 사무실에서 사용하는 컴퓨터에 불법 다운로드한 프로그램을 사용하면 안 된다. 회사로 등록을 하면 불시에 점검을 나올 수 있는데, 이때 불법 복제한 프로그램이 적발되면 업체에 정품 구입비는 물론 불법 사용에 따른 손해 배상금을 지불하거나, 혹은 형사 소송으로도 진행될 수 있다. 상황에 따라 다를 수 있지만 이로 인해 발생되는 비용이 수천만 원까지도 이를 수 있다. 특히 디자이너가 상주하는 경우, 불법적인 편집 및 디자인 프로그램, 서체 프로그램을 사용하는 것은 섶을 지고 불 속에 뛰어드는 것과 같다.

넘기 힘들다. 운이 좋아서 그 가운데 한 권이 베스트셀러가 되면 그때 가서 경리 직원을 채용해도 늦지 않다.

제작 업무

제작 업무는 출판사에서 하는 일 가운데 가장 어려운 일에 속한다. 따라서 이는 웬만큼 훈련된 사람이 아니면 해내기 쉽지 않다.

만일 관리자를 채용하는 경우, 그에게 제작까지 맡기려면 상당히 훈련된 사람을 채용해야 한다. 그러나 그런 사람을 채용하는 것은 쉽지 않다. 게다가 제작 업무와 경리, 관리 업무까지 전담할 수 있는 인력은 드물다.

1년에 15종 이상의 책을 출간하지 않는 경우에는 제작 업무를 전담으로 할 사람이 필요한가에 대해 회의적이다. 그만큼 제작 업무를 담당하는 사람이 바쁠 일이 없다는 말이다. 따라서 2인 또는 3인으로 이루어진 출판사라 하더라도 제작 업무는 대표 또는 대표에 버금가는 권한과 능력을 갖춘 사람이 맡는 게 좋다.

사무실이 10평이면 창고는 100평

출판사를 시작하면 사무실이야 기본이다. 만일 두 사람 이상이 출판사를 시작한다면 독립적인 사무실이 필요할 것이다. 그러나 홀로 출판사를 한다면 임차료를 지불해 가면서 사무실을 가동해야 하는지 고민이 될 수 있다. 최근에는 출판보육센터같은 곳에서 무상으로 임대하는 경우가 있고, 그 외의 창업보육센터나 한국출판문화산업진흥원에서도 좋은 조건으로 임대해주는 경우가 있기 때문에 그런 곳을 알아보는 것도 좋을 듯하다.

간과해서는 안 될 물류 창고

출판사를 시작하는 분들이 가장 간과하는 부분이 있다면 바로 물류 창고 문제다. 대부분의 사업이 마찬가지겠지만 사업 자체에 심혈을 기울이지 사업에 부수적으로 따라오는 물류 창고 문제가 중요한 것이라고 여기는 분은 거의 없기 때문이다. 그러나 출판사를 하고자 한다면 반드시 염두에 두어야 한다.

물류 창고 문제를 이해하기 위해서는 출판사의 판매 시스템에 대해 알아야 한다. 출판사는 아침에 여러 가지 경로로 들어오는 그날 주문에 따라 매출이 결정된다. 그러니까 오늘 심청전 1부, 춘향전 1부, 홍길동전 1부, 장화홍련전 1부, 별주부전 1부가 주문 왔다면 특별한 일이 없는 한 그날 그 책 모두를 출고해야 한다. 물론 일시적으로 품절 상태인 경우가 있을 수 있지만, 대부분의 경우 그날 들어온 주문은 그날 출고가 되어야 한다.

그러기 위해서는 어떡해야 할까? 당연히 그 책을 모두 보관하고 있어야 한다. 창고건 사무실이건 어딘가에 그 책을 보관하고 있어야 한다. 그래서 사무실은 책상 하나, 컴퓨터 한 대면 충분하지만 창고는 아니다. 다양한 책을 보관할 수 있어야 한다.

"사무실 한편에 보관하고 있으면 되지 않나요?"

맞다. 처음에는 그래도 된다. 그렇지만 사무실 한편에 보관하고 있는 경우에는 그 책을 출고하기 위해 누군가 책을 선별해 서점별로 포장해야 한다. 그러니 그런 때에도 사람의 손이 필요하다. 따라서 만일 1인 출판사를 운영하는 경우에는 매일 아침 반드시 대표가 출판사에 머물러야 하며, 책을 수거하고 배본해주는 곳(출판물류 대행 회사들이 배본 대행도 함께 하고 있다)을 확보할 수 있어야 가능한 일이다.

더 큰 문제는 다음에 발생한다. 출판사를 설립하는 순간, 출간하는 책의 종류는 특별한 일이 없다면 증가하지 감소하지는 않는다. 또 판매하고자 하는 책이라면 모든 책을 어느 정도는 보관하여야 한다. 출판사 설립 초기에는 사무실 한쪽에 쌓아둘 수 있다. 그러나 시간이 지나 출간 종수가 늘기 시작하면 사무실 한쪽에 쌓아두는 것이 점차 어려워진다. 그러다가 50종쯤 되면 불가능해진다. 이럴 때는 어떻게 해야 할까?

출판물류 대행 회사를 거래해야 한다. 우리나라에는 꽤 많은 출판물류 대행 회사가 있다. 그 회사들은 출판사별로 공간을 정해 책을 보관해준다. 보관만 해주는 것이 아니다. 매일 주문이 오는 책을 포장해서 서점까지 배송도 해준다. 대행 회사는 거래하는 출판사에서 보관을 요청한 책의 수량에 따라, 그리고 매달 출고하는 책의 부수에 따라 비용을 받는다.

처음 출판사를 운영하는 분들은 그 비용이 생각보다 많다는 것을

QP
ON
ML
KJ
IH
GF

출판물류 창고

출판사 운영에서 물류를 어떻게 할 것인지는 매우 중요하다. 출판사 설립 초창기에는 사무실 한편에 창고를 직접 운영할 수도 있지만 출간 종수가 늘어날수록 그런 방법은 불가능하다. 결국 자기 창고를 보유하거나 출판물류 대행 회사를 이용해야 한다. 출판물류는 생각보다 훨씬 복잡하다는 사실을 기억하자.

알아야 한다. 그리고 출간 종수가 늘어난다면, 매출이 그에 따르지 않아도 보관비용은 늘어난다는 사실도 기억해야 한다.

출판물류 대행 회사가 청구하는 수수료는 보관하고 있는 책의 수량, 매일 출고되는 책의 수량, 그리고 서점에서 판매되지 않아 반품되는 수량에 따라 결정되는데, 매월 수십만 원에서 수백만 원에 이른다.

일반적으로 재고 수량이 1만 부 미만일 경우 최하 30만 원가량을 지불해야 하며, 100종 정도를 출간하고 1종당 500부, 총 5만 부 정도를 보관하며 매일 100부 정도를 출고하는 경우 물류 대행 수수료로 200만 원 내외를 지불해야 한다.

그래서 많은 종류의 책을 출간한 출판사의 경우 자체 창고를 보유하는 경우도 있는데, 이때 창고에 투자하는 비용은 상당하다. 물론 그곳을 관리하는 인건비는 제외하고 말이다. 그럼에도 창고를 운영하는 것은 물류 대행 회사를 이용하는 것이 비용 면이나 효율 면에서 만만치 않기 때문이다.

책 반품은 생각보다 큰 문제

출판사를 운영할 때 생각하는 것보다 큰 문제가 도서의 반품 문제다.

우리나라 출판사는 '출판물의 위탁거래 유통 관행'으로 인해 숙명적으로 꽤나 많은 반품을 처리해야 한다. 이때 반품은 파본으로 인한 반품이 아니라 팔리지 않아서 되돌아오는 경우다. 반짝반짝하게 만든 책이 서점으로 나갔다가 팔리지 않고 출판사로 되돌아오는 모습을 보는 것은 참으로 괴로운 일이다.

우리나라 출판사의 반품 비율은 꽤나 높다. 출고한 도서 가운데 15% 이하가 반품된다면 그 출판사의 반품 비율은 양호하다고 할 수 있다. 15%에서 20% 사이라면 그저 그런 경우일 것이다. 25%가 넘는 경우는 좋지 않은 경우인데 이런 출판사가 적지 않다.

현실적으로 설명하면 이렇다. 한 달에 1천 부의 책을 출고한다면 평균 200부 정도가 반품되어 돌아온다는 것이다. 그렇다면 이렇게 반품된 책은 어떻게 처리할까?

첫째, 돈도 많고 환경 따위 걱정도 하지 않으며, 관리하는 것도 귀찮다면 그냥 버리면 된다. 물론 버릴 때 책 그대로 버리면 그 책이 중고 서점에서 유통될 수도 있고, 자칫 하면 어느 서점을 통해 그 책이 다시 출판사로 반품될 수도 있으니 반드시 파기해야 한다. 만일 파기할 책이 상당량 쌓이면 출판사 책만 전문적으로 파기하는 업체도 있으니 이런 업체를 이용하면 된다. 이때는 폐지 금액 기준으로 그 무게만큼 돈을 준다. 꽤 큰 트럭 한 대 분량을 버리면? 큰 기대는 하지 말자. 직원들끼리 한 끼 식사할 만큼 줄 것이다.

둘째, 반품된 책을 다시 사용하고자 한다면 그때부터 문제가 발생한다. 여러분이 서점에서 책을 구입해 보면 알겠지만 서점들은 자신이 판매한 증거를 남기기 위해 책의 하단에 고유의 표시(대부분은 도장이다)를 한다. 반품된 책이 아무리 깨끗하다 할지라도 그 표시를 지워야 다른 서점으로 출고할 수 있다. 아무리 완벽하게 한다고 해도 말끔하게 할 수는 없다. 그래서 반품은 가능하면 줄여야 한다.

반품된 책들

책의 반품은 출판사 운영에 가장 피곤한 일이라고 할 수 있다. 물론 물류 대행 회사에 맡기면 반품 문제가 눈앞에는 안 보일 것이다. 그렇다고 사라지는 것은 아니어서 직접 반품된 책의 규모를 보면 눈앞이 캄캄해질 것이다.
반품된 책을 어떻게 관리할 것인가 문제는 심사숙고해야 한다.

물류 대행 회사에서는 표지나 띠지가 손상됐을 경우
새것으로 교환하기 위해 여분의 표지와 띠지를 출판사별로
보관하고 있다.

책 하단의 서점 고유 표시를 없애기 위해
커팅cutting 작업을 하고 있다.

책 보관과 출고를 출판사에서 직접 하는 경우에는 반품도 출판사 사무실로 온다. 그럼 책의 출고를 담당하는 사람이 반품된 책의 처리도 담당해야 한다. 그뿐이 아니다. 반품을 쌓아두면 시간이 흐를수록 책이 아니라 폐지가 되어간다. 먼지도 쌓이고 흠집도 나며 색도 바라기 때문이다. 그러니 하루라도 빨리 반품된 책을 처리해야 한다. 그런데 그 일이 생각보다 어렵다.

우선 반품된 책의 덩어리를 해체해야 한다. 그런 다음 쓸 만한 책과 쓸 수 없는 책을 구분해야 한다. 쓸 만한 책은 앞서 말한 서점의 표시도 없애야 하고 묻은 먼지도 털어내야 한다. 조금만 흠집이 있어도 골라내야 한다. 여러분도 서점에서 책을 구입할 때 맨 위에 있는 책 대신 아래쪽에 있는 깨끗한 책을 고른 경험이 있을 것이다. 사람은 누구나 마찬가지다. 그래서 반품된 책을 다시 사용하기 위해서는 상당한 노력을 기울여야 한다. 이런 과정을 거쳐야 비로소 반품된 책을 재출고할 수 있다.

셋째, 물류 대행 회사를 이용하면 반품을 어떻게 처리할까? 그곳 역시 마찬가지다. 앞에서 언급한 것과 똑같이 한다. 그런 후 반품 처리 비용을 출판사에 청구한다. 이쯤에서 생각해 보자. 출판사에서 출고 담당하는 직원이 반품을 처리하는 정성과 물류 대행 회사가 반품을 처리하는 정성 가운데 어느 쪽이 더 클까? 그러다 보니 어떤 물류 대행 회사는 반품 처리를 출판사에 맡기기도 한다. 받는 비용에 비해 들어가는 수고가 너무 크기 때문일 것이다. 반품 처리를 대행해 주는 경우에도 출판사는 괴롭다.

넷째, 양장본 도서일수록 반품된 도서의 처리가 쉽지 않다. 양장본일수록 독자들은 더 완벽한 책을 요구한다. 그런데 유통 과정에서 더 쉽게 흠집이 나는 책이 양장본이다. 그러다 보니 우리나라 유통 구조에서 양장본은 상당한 피해를 감수해야 한다. 게다가 양장본은 재생해서 사용하기도 어렵다. 그러니 양장본을 만들 때는 반품에 따른 손실을 반드시 염두에 두시기 바란다.

다섯째, 반품된 도서를 어떻게 처리하느냐에 따라 꽤 큰 비용을 절감할 수 있다. 평범한 책(무선으로 만든 300쪽짜리 2도 도서의 경우)의 경우 한 권당 실 제작비가 2천500원이라고 치자. 그럼 1천 권을 재사용할 경우 250만 원을 절감할 수 있다.

반품 비율이 20%라는 가정 하에 1천 권의 반품이 돌아오려면 5천 권의 책이 출고된 셈이다. 이때 책의 정가를 1만 원이라고 치면 출고가는 평균 6천 원 정도일 것이고, 따라서 매출액은 3천만 원에 달한다. 누군가는 말할 것이다.

"매출액이 3천만 원인데, 250만 원을 아끼기 위해 그 복잡한 반품 작업을 할 필요가 있나요?"

그야 물론 출판사를 운영하는 사람마다 다를 수 있겠지만 지난 30년 동안 출판을 해 온 사람으로서 이야기한다면, 그런 돈 안 아끼는 출판사가 오랜 시간 꾸준히 출판을 영위하는 모습을 보기는 힘들었다.

출판사 함부로 시작하지 마라
창업보다 폐업이 더 어렵다

폐업에 대한 이해는 곧 출판사 실체를 아는 것이다

우리나라에서 출판사를 설립하는 것은 참 쉽다. 구청이나 시청에 가서 출판사 등록을 하면 끝이다. 출판사 등록증이 나오면 세무서에 가서 회사 설립 등록을 하고, 그러면 사업자등록증이 나온다. 그때부터 어엿한 자영업자이자 출판사 대표가 되는 것이다.

그런데 출판사를 폐업하는 것은 어떨까? 사실을 말하자면 출판사를 설립하는 어려움이 10이라면 출판사를 폐업하는 것은 100, 아니 1,000쯤 된다. 그만큼 설립보다 폐업이 어렵다. 세상에 이런 업종이 있을까 싶을 정도다.

예를 들어보자. 누군가 분식집을 창업하려면 무척 복잡하다.

출판사 창업 기본 절차

다음은 한국출판문화산업진흥원(이하 '진흥원'으로 약칭) 홈페이지www.kpipa.or.kr에 기술되어 있는 내용이다. 진흥원 홈페이지에는 이 외에도 출판사를 설립하거나 운영할 때 필요한 다양한 정보가 있다. 그뿐이 아니다. 정부가 출판계를 위해 행하는 대부분의 활동 역시 진흥원을 통해 대행한다. 따라서 진흥원 소식이나 활동에 관심을 갖는 것은 출판사 운영에 필수적이다.

출판사는 '등록'이 아니라 '신고'를 하는 업종입니다. 신고만 하면 누구나 출판사를 할 수 있습니다. 특별한 결격 사유가 없는 한 거의 등록이 됩니다. 출판사를 신고하려면 먼저 해야 할 일이 있습니다. 바로 출판사 이름을 정하는 것입니다. 출판사 이름은 문화체육관광부에서 제공하는 출판사/

인쇄사 검색시스템book.mcst.go.kr을 이용하여 찾아볼 수 있습니다. 기존 출판사가 사용하는 이름을 쓰게 되면 서점에서 혼동이 올 수 있으므로 가급적 새로운 이름을 정하는 편이 좋습니다.

출판사 신고에 필요한 서류

- 출판사 신청서
- 신분증
- 도장 또는 자필 사인
- 사업장 임대차계약서(본인 소유의 집인 경우 등기부등본)

출판사 신고 업무는 각 지자체(구청이 있는 경우 구청에서, 구청이 없는 경우 시청에서 담당하는 경우가 일반적이다)의 문화 관련 부서에서 담당합니다. 사업장으로 정한 곳의 관할 지자체 홈페이지에서 담당 부서를 확인한 후 직접 방문하면 됩니다. 방문하기 전 미리 필요한 서류를 확인하면 누락되는 일이 없습니다. 신청서를 제출하면 일주일 이내에 등록되었다는 연락을 받게 됩니다.

출판사의 경우 살고 있는 집을 사업장으로 지정하여 신고할 수 있습니다. 일반적으로 가정집은 사업장으로 인정되지 않습니다만, 출판업의 경우 예외적으로 가정집을 주소지로 한 사업장 신고가 가능합니다. 이것을 '무점포 창업'이라고 합니다. 출판사 신고확인증에 '1인 무점포'라는 내용이 기재됩니다.
출판사가 등록되면 등록 면허세를 납부해야 합니다. 지자체마다 금액이 다르며 서울의 경우 2만7천 원입니다.

가게 얻고 사업자등록증 내고 인테리어 하고 메뉴 정하고 간판 달고 위생시설 등록하고 집기 구하고 주방기구 설치하고. 참으로 복잡하다. 그런데 장사가 안 되어서 폐업하고자 한다면? 가게 폐업 정리해 주는 업자에게 연락하면 그들이 와서 한 번에 싹 다 가져간다. 그런 후 세무서에 가서 폐업 신고하면 끝이다.

그런데 출판사 폐업은 전혀 다르다. 오늘도 수많은 출판사가 새로 사업자등록 하고 책을 출간하고 있지만 폐업하는 출판사는 극히 드물다. 왜 그럴까? 그만큼 어렵기 때문이다. 출판사 창업을 꿈꾸는 분들이 막 출발점에 서려는 순간 폐업에 관해 이야기하는 것이 미안하기도 하다. 그러나 폐업에 대해 아는 것이 곧 출판사의 실체에 대해 이해하는 지름길이기 때문에 이야기하는 것임을 이해하시기 바란다.

왜 출판사 폐업이 어려운지 실상을 살펴보자.

출판사 폐업에 관해 알고자 한다면 우선 책의 매출에 관해 이해해야 한다. 출판사의 매출구조와 연결이 되어 있기 때문이다. 이 내용을 알고 나서도 출판사를 해야겠다고 결심한다면 평생 출판인으로 살아갈 자격이 있다고 인정받을 수 있다.

책의 매출에 대하여

책을 공급하는 방식, 현매와 위탁판매

출판사가 책을 판매하는 방식에는 현매와 위탁판매가 있다.

현매란 독자의 주문에 빠르게 응하기 위해 출판사에 책값을 입금하는 조건으로 주문하는 방식이다. 독자 한 분이 A서점에 홍길동전 1부를 주문하면, A서점이 출판사에 홍길동전 1부를 주문한다. 그럼 출판사는 1부를 A서점에 출고하고, A서점은 책이 오면 손님에게 그 책을 전달하고 책값을 받는다. 그런 다음 책값을 출판사에 지불한다. 이것이 현매이다.

현매의 경우

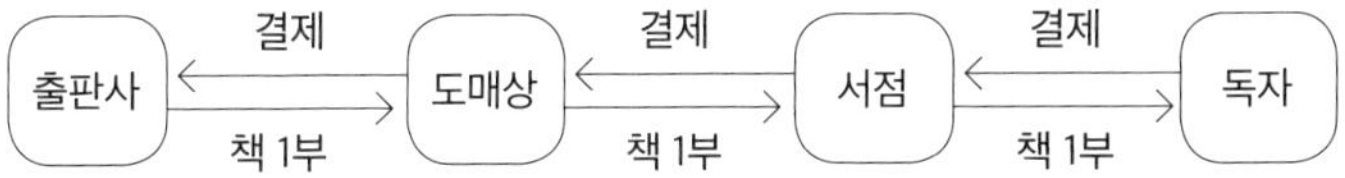

또 다른 매출은 위탁판매인데, 우리나라 도서 매출 가운데 대부분은 위탁판매이다. 위탁판매는 말 그대로 출판사에서 서점에 책의 판매를 위탁하는 형식이다.

출판사에서 홍길동전을 출간하면 일반 독자들은 그 책이 출간된 사실을 알지 못한다. 따라서 출판사에서는 서점에 새로 출간한 홍길동전을 판매해 달라고 보내야 한다. 그래야 서점을 방문한 독자들이 이 책의 존재를 알지 않겠는가. 결국 판매 여부와는 상관없이 일단 책을 서점에 보낸다. 그래서 갑 서점에 홍길동전 10부를 보냈다고 하자. 이런 경우 출판사에서는 갑 서점에 홍길동전 10부를 판매한 것으로 장부에 기재한다.

그렇다면 서점은 어떨까? 홍길동전 10부를 받았지만, 이 가운데 몇 부가 팔릴지 알 수 없다. 그러니 출판사 장부에 홍길동전 10부 매출이라고 기재되어 있다고 해서 서점이 그만큼 출판사에 대금을 결제할 의무가 없다.

결국 출판사 장부에 갑 서점의 매출이 100인 경우, 수금은 10이나 30밖에 안 이루어진다. 이 또한 당연한데, 서점에서는 판매한 부수만큼만 대금을 지불하기 때문이다.(그렇지만 실제로는 "갑 출판사의 장부상 잔고가 100이니 10쯤 지불하자." 하는 방식으로 관행처럼 이루어진다)

처음 출판사를 운영하는 이들의 생각은 다르다. 갑 서점에서 우리 책을 100만큼 가져갔는데 왜 돈은 10만큼만 주느냐고 항의하기 일쑤다. 실제 매출 부수가 얼마인지 모르면서 말이다. 그렇게 서점과 출판사 사이에 티격태격하다가 결국 그 서점과 거래를 중단하는 사태까지 이른다. 이건 현실을 조금만 이해하면 쉽게 해결될 문제인데도 합리적으로 해결되지 않는 경우가 흔하다. 안타까운 일이다.

모든 책을 현매 방식으로 거래한다면 잔고가 쌓일 일도 없고 서점과 서로 불편해지는 일도 없을텐데, 왜 출판사는 현매가 아닌

위탁판매의 경우

• 판매된 도서일 경우

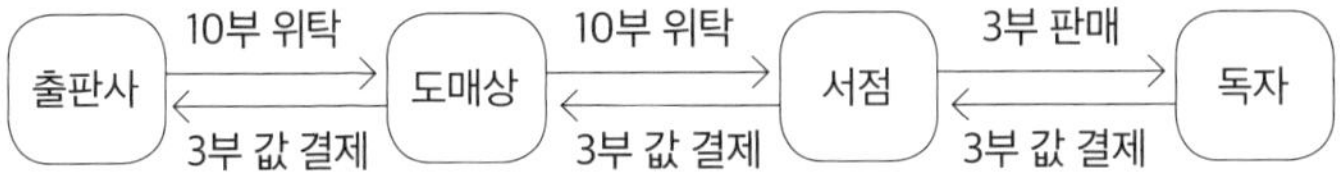

• 판매되지 않은 도서일 경우

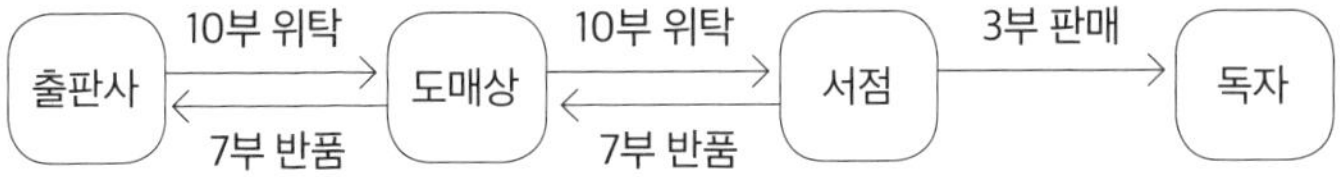

위탁판매 거래를 주로 하고 있을까? 출판사가 일일이 소량의 현매방식으로 일으킬 수 있는 매출은 매우 적을 수밖에 없는데다 새로 출간하는 신간을 창고에 쌓아두고 주문 오기만을 기다리고 있기에는 그 신간을 소진시키는 게 도저히 불가능하다는 것이 이유이다. 그래서 출판사는 위탁판매 방식으로라도 신간 배본할 수 있는 직거래 서점들이 필요할 수밖에 없고, 출간도서 대부분을 일정 부수만큼 서점에 비치하여 판매 가능성을 올리려고 한다. 당연히 거래잔고는 상승하고, 매월 판매되는 금액도 증가한다. 이런 이유로 위탁판매를 오래 지속하다보니 매월 판매된 금액에 대하여 다음달 정기결제일에 입금받는 거래관행이 생겨나게 되었다. 서점에서는 출판사의 책들을 두루 갖춰 놓고 어떤 책이 판매되면 그 부수만큼 출판사에 주문하여 서가를 다시 채우게 된다. 독자가 책이 도착할 때까지 기다리지 않고 현장에서 바로 구매하는 것도 가능해지는 장점도 있으니 출판사로서는 당장 위탁판매 매출 전액이 입금되지 않더라도 전체 매출의 크기를 키워나갈 수 있는 방법이기에 유리하다. 이 위탁판매 방식은 출판사와 서점이 서로 필요에 의해 선택한 출판물 거래관행인 셈이다.

위탁판매 관행으로 반품이 발생한다

앞서 살펴본 반품의 문제는 바로 이 위탁판매에서 비롯된다. 만일 독자가 원하는 책만 서점에 보낸다면, 파본이 아니라면 반품이 일어날 수 없다. 모든 주문은 실제 판매로 이어질 테니까. 그러나 위탁판매를 위해 서점에 보낸 책들은 실제 판매된 책도 아니요, 실제 판매될 책도 아니다. 서점에서는 출판사에서 보내온 책을 진열한 다음 판매되기만을 기다려야 한다. 그렇게 시간이 지나도 판매가 이루어지지 않으면 그때는 어쩔 수 없이 반품을 해야 한다. 그래야 제한된 서점 공간을 새로운 신간의 진열을 위해 사용할 수 있을 테니까. 또 지속적으로 위탁판매를 위해 책을 받기만 하면 해당 출판사 장부상 미지급 금액은 눈덩이처럼 불어나게 된다. 그러니 당연히 어느 정도 지나서도 판매되지 않은 도서는 그 출판사로 반품할 수밖에 없다.

만일 홍길동전을 출간한 출판사에서 이 책이 시장성이 있고,

따라서 대량 판매가 될 것이라고 예상하면 무리해서라도(이때 무리는 서점에 더 싸게 공급하면서 많은 수량의 책을 진열해 달라는 요구일 수도 있고, 엄청난 홍보비를 투여하면서 초기에 많은 서점에 이 책을 진열하도록 유도하는 방식일 수도 있다) 많은 수량의 책을 시장에 공급한다.

다행히 그 책이 잘 팔리면 대량 반품 사태가 일어나지 않는다. 그러나 예상이 빗나가는 경우에는 엄청난 반품 사태가 발생한다. 경제적 토대가 튼튼하지 못한 출판사 같으면 단 한 번의 마케팅 실패로도 출판사의 운명이 좌초될 수도 있다. 조심할 일이다.

왜 폐업이 어려울까?

출판사의 매출에 두 가지 종류가 있다는 사실을 알았으니, 이번에는 출판사의 폐업을 어렵게 하는 요소들에 대해 살펴보자.

책을 어떻게 하지?

책 한 권 출간할 때마다 상당한 돈이 필요한데, 책을 출간해도 팔리지 않는 일이 한두 해 지속되면 결국 지치게 마련이다. 그럼 출판사를 그만두고 싶은 것은 인지상정이다.

출판사를 그만두고자 할 때 가장 먼저 떠오르는 게 회사 또는 출판물류 대행 회사에 쌓여 있는 책이다. 이 책을 어떻게 할 것인가? 내 돈 수천만 원, 아니 수억 원을 들여 만든 책을 어떻게 할 것인가?

'내일 아침이 되면 아무리 적은 부수라도 주문이 올 텐데. 그래도 마음 굳게 먹고 책을 모두 폐지업자에게 넘겨버릴까? 혹시 이 책들을 통째로 살 사람이 있지 않을까? 아니, 그냥 집에다 쌓아 놓고 주문 올 때마다 조금씩 파는 게 낫지 않을까?' 온갖 생각이 떠오른다.

그런데 그 모든 것이 쉽지 않다.

우선 폐지업자에게 넘기기 위해서는 자신의 분신과도 같은 책을 쓰레기로 인정해야 하는 정신적 후회와 경제적 아픔을 동시에 겪어야 한다. 반면에 그 책을 통째로 사갈 사람이 있다는 것은 결국 출판사를 인수하겠다고 나선 사람이 있다는 말이다. 이때 받을 수 있는 금액은 여러분의 피와 땀을 담아 만든 대가로는 상상하기 힘든 적은 액수다. 물론 이것도 운이 좋아 인수하겠다고 나선 사람이 있을 때 이야기다.

마지막으로 물류회사 창고에 쌓인 책을 집으로 옮겨 놓고 출판사를 명맥만 유지하는 경우다. 이때도 들어가는 돈이 있으니, 물류업체의 배송비용이다. 물류업체는 책 한 권을 배송할 때마다 얼마를 받지만, 그보다 먼저 기본 금액을 받는다. 그러니 거래를 시작하려면 책이 한 권도 안 팔린다고 해도 한 달에 어느 정도의 비용을 꾸준히 내야 한다. 매일 아침 책도 자신의 힘으로 싸고, 관리도 자신의 힘으로 자신의 공간에서 하며 정기적으로 물류회사에 비용도 지불한다는 것이 말처럼 쉬운가.

아는 분 가운데는 집에서 주문이 올 때마다 택배로 책을 부치는 분도 계신데, 이 정도 되면 출판사라고 하기는 어려울 것이다.

받을 돈은 많은데,
받을 돈이 없다니!

그 다음으로 떠오르는 것은 서점 장부다. 어떤 출판사가 갑 서점에 장부상 매출 잔액이 100만 원, 을 서점에 100만 원, 병 서점에 200만 원…… 그렇게 서점에 대한 장부상 매출 잔액이 1억 원이 있다고 하자. '장부상 매출이 1억 원이니 아무리 못 받아도 5천만 원은 받겠지.' 하고 각 서점에 전화해서 "제가 출판사를 그만두려고 합니다. 그러니 장부상 금액을 송금해 주십시오."라고 한다면 단 한 군데 서점도 호락호락 응하지 않을 것이다.

그럼 어떻게 할 것인가. '내용증명'을 보내 송금해 달라고 하면 서점은 보유하고 있는 해당 출판사의 책을 반품할 것이다. 반품하는 데 수 개월, 길게는 1년이 걸릴 수도 있다. 왜냐하면 도매상의 경우에는 소매상에 그 출판사의 책을 반품하라고 이야기하고, 소매상은 수많은 책 가운데 그 출판사의 책을 일일이 찾아서 보내야 하고, 그 책을 모두 수거해서 다시 출판사로 보내고 하는 과정을 거쳐야 하니 말이다.

그럼 다시 창고에 반품이 돌아와 책은 더 쌓인다. 심지어 어떤 도매 서점은 "현재 당신네 출판사 장부 잔고가 1천만 원인데, 재고 도서를 계산해보니 3천만 원어치요. 책 보낼 테니 2천만 원 보내시오." 한다. 이건 혹 떼려다 혹 붙인 결과다.

장부상으로는 받을 돈이 1억 원이나 있는데 한 푼 받지 않고 출판사를 접을 수도 없고, 아까운 책은 창고에 쌓여 있다. 그러다 보니 출판사를 폐업하고 싶은 마음은 굴뚝같으나 실제로 완전히 사라지는 출판사는 매우 드물다.

결국 다른 일을 하면서 주문 오는 책만 보내거나 출판사를 아는 사람에게 넘기거나 하는 차선책을 쓰게 된다. 출판사를 처음 시작하려는 이들이라면 이런 문제를 꼭 염두에 두어야 한다.

출판사 인수하실 분을 찾습니다

아무리 고민을 해도 답이 안 나올 때는 출판사를 누군가에게 넘기고자 한다. 그런데 이 또한 쉽지 않다. 출판사를 처음 설립하고 오늘날까지 얼마를 투자해서 몇 종의 책을 출간하고, 현재 창고에는 얼마나 많은 책이 쌓여 있으며, 거래 서점에는 받을 매출금이 얼마 있나 생각하면 적어도 얼마 정도는 받고 넘겨야겠다는 판단을 하게 된다.

그러나 출판사를 누군가에게 넘기는 것은 어려운 문제를 야기한다.

우선 출판사를 꿈꾸는 사람들은 자신이 출판사를 설립해 자신이 설계한 책을 출간하기를 바란다. 게다가 출판사를 설립하는 데 특별한 투자가 필요치 않기 때문에 큰돈을 주고 다른 출판사를 인수하는 것을 탐탁지 않게 생각한다.

혹시 출판사를 인수하겠다고 나서는 사람은 또 어떻겠는가?

“단 돈 몇 만 원으로 집에서도 출판을 시작할 수 있는데, 수억 원을 주고 저 출판사를 인수한다고? 그럴 바에야 그 돈으로 내가 내고 싶은 책을 출간하지." 이렇게 생각하는 사람이 부지기수다.

정말 출판사를 인수하겠다고 나서는 사람이 있다고 해도 장애물은 많다. 우선 그에게 창고에 쌓여 있는 책은 자산이 아니라 짐이다. 팔리지도 않는 책, 먼지만 수북이 쌓여 있는 책은 영원히 팔릴 것 같지도 않다. 그럼 물류비용만 들어가는 애물단지가 되기 마련이다.

서점에 깔려 있는 매출 잔고는 또 어떤가? 아무리 받고 싶어도 줄 사람은 주겠다는 의지가 없는, 말 그대로 장부상의 돈일 뿐이다.

마지막으로 가장 중요한 사실은 넘기려고 하는 출판사는 매출이나 책이 신통치 않다는 사실은 삼척동자도 알 수 있다. 잘나가는 출판사를 누가 넘기려고 하겠는가? 그러니 출판사를 넘기기 어렵다는 말은 괜한 말이 아니다.

오늘도 수많은 출판사가 어려움에 직면해 있지만 그 어떤 출판사도 쉽게 재기하기 어려운 게 이러한 이유 때문이다.

무슨 서점이 이렇게 많은 돈을 가져가나요?

서점이 폭리를 취한다?

출판사와 서점의 매출 이익 계산법

처음 출판사를 시작하는 분들이 제기하는 문제 가운데 가장 큰 것이 바로 서점 이윤에 관한 것이다.

일반적으로 서점 이윤은 다음과 같다. 물론 각 거래처, 책의 종류, 출판사, 서점의 형태 등에 따라 워낙 다양해서 한마디로 정의하기는 어렵지만 거칠게 살펴보면 이렇다는 것이다.

도서 정가 10,000원

서점 출고가 6,000원 ~ 7,500원

이렇게 보면 1만 원짜리 책의 경우, 많게는 4천 원(40%)에서

적게는 2천500원(25%)이 서점의 몫인데, 통상적으로는 3천500원 정도라고 보면 될 것이다.

"아니, 책을 기획하고 만들고 원고 작성하고 제작하고 홍보하는 저자와 출판사 몫이 65%인데, 서점은 가만히 앉아서 35%를 갖는 게 말이 되나요?"

이런 말을 하는 분의 심정을 이해하지 못하는 게 아니다. 사실 출판사의 이윤도 참으로 작다.

다음 표를 보면 알 수 있다. 이 또한 개략적인 것이라서 정확한 것은 아니지만 일반적으로 그렇다는 말이다.

정가	10,000원
(-) 서점 이윤	3,500원
출판사 총 이윤	**6,500원**
(-) 저자 인세	1,000원 (정가의 10%)
(-) 책의 실 제작비	3,000원 (정가의 30%)
출판사 매출 이익	**2,500원**

출판사 매출 이익도 그 금액 전부가 수익은 아니다. 사무실 운영비, 직원 인건비, 제세공과금, 외주 디자인비, 마케팅비, 물류비용, 기타 경비가 차감되어야 하기 때문이다. 통상적으로 신간 초판 제작부수를 모두 판매한다고 하더라도 출판사에 남는 이익은 거의 없다.

이렇게 보면 많은 분이 되물을 것이다.

"도대체 출판사는 뭘 먹고 살아요?"

맞다. 결국 출판사는 수지맞는 장사가 아닌 것이다. 그럼 출판사는 무엇을 먹고 살까? 출판사는 끊임없이 출간하는 신간 도서에서는 수익은커녕 손실을 보는 게 일상이다. 초기에 투자비가 워낙 많이 들어가기 때문이다.

출판사는 재쇄再刷 이상을 찍는 책에서 수익을 낸다. 결국 출간한 모든 책에서 수익을 내는 게 아니라 지속적으로 많이 판매되는 책이 있어야 출판사가 운영될 수 있는 것이다. 그런 점을 고려한다면 표에서 보듯 서점의 이윤 35%는 과도해 보이는 게 사실이다.

그 많던 동네 서점은 다 어디로 간 것일까?

그렇다면, 폭리를 취하는 서점 사업을 모두 하려고 해야 할 텐데, 왜 있는 서점도 죽겠다고 아우성일까?

궁금하지 않은가?

현실적으로는 서점 또한 나름대로 힘겹다. 그러한 사실을 아는 사람은 절대 서점 이윤 폭이 크다고 생각하지 않는다. 어쩌면 서점의 몫을 더 키워야 한다고 여길 수도 있다. 참 어려운 문제다. 다음 내용을 살펴보자.

동네 서점의 경우

대형 서점 또는 인터넷 서점을 제외한 동네 서점의 경우에는 주로 도매상에서 책을 공급받는다. 그 유통 구조는 다음과 같다.

정가	10,000원
도매상 공급가	6,000원~ 6,500원 (공급율 60-65%)
소매상 공급가	7,000원~ 7,500원 (공급율 70-75%)
도매상 이윤	1,000원~ 1,500원
소매상 이윤	2,500원 내외(고객에게 5%의 마일리지 제공)

이렇게 살펴보면 동네 서점의 수익률은 매출액의 25% 정도로 보아야 할 것이다.

그렇다면 동네 서점이 폐업하지 않고 지속적으로 운영되려면 어때야 할까?

1개월 추정 운영비를 5백만 원(임차료, 인건비, 제세공과금 등)으로 잡는다면 그 네 배인 2천만 원의 매출을 올려야 한다. 2천만 원의 매출을 올리기 위해서는 한 달 내내 하루에 적어도 70만 원어치를 팔아야 하고, 이는 약 50권의 책을 판매한다는 뜻이다. 생각해 보자. 임차료와 인건비, 제세공과금을 다해서 5백만 원 정도 지출한다면 그 규모가 어떠하겠는가. 그런데 그런 소규모 동네 서점에서 하루에 50권의 책을 파는 것이 쉽다고 여기는가? 여러분은 동네 서점에서 책을 구입해 본 때가 언제였던가?

그러니 동네 서점을 운영하는 분들은 한마디로 자본주의의 이단아요, 문명계의 별들이다. 그러니 서점의 몫이 너무 크다는 생각은 하지 마시길 바란다.

전국 서점에 책을 공급하는 서적 도매상

도매상은 수많은 출판사에서 책을 공급받아 수많은 서점에 자신들의 유통망을 이용해 책을 공급하고, 적게는 5%에서 많게는 15%의 수수료를 받는 중간 유통업체다. 지방 거점 서점부터 동네 서점까지 전국 각지의 서점 2천여 개와 거래하고 있는 책 유통의 허브이다.

출판사에서는 수많은 지역 서점과 일일이 거래하기가 쉽지 않기 때문에 대부분 도매상을 통해 책을 공급하고 있다. 이렇듯 출판사와 지역 서점을 잇는 서적 도매상 중 대표적인 곳으로는 전국을 대상으로 하는 북센, 북플러스, 한국출판협동조합이 있고, 지역 도매상으로는 한성서적(부산), 한일서적(대구), 중부서적(대전) 등이 있다.

최근 대한민국의 단행본 매출 규모는 1조5천억 원가량 될 것이라고 추정하고 있는데, 거기에는 공공도서관과 학교도서관 등 도서관 납품 예산 총액 약 4천여억 원이 포함되어 있다. 이 납품들은 주로 지역의 작은 서점들을 통해 이루어진다. 그리고 작은 서점들은 필요한 책을 도매상으로 주문한다. 이때 도매상과 거래하지 않는 출판사의 책 가운데 구하기 어려운 책은 '매입불가' 사유로 납품

목록에서 삭제될 확률이 대단히 높다. 따라서 출판을 지속적으로 하려는 출판사라면 도매상을 거래하는 것이 필수다. 도매상 가운데는 도서관 납품을 주로 하는 경우도 있으니 참고하시기 바란다.

가능하다면 적정 부수의 신간을 배본하는 것이 필요하다. 지역 서점에 출고된 신간들은 서점의 '저수지 기능'을 통해 진열되어 있는 동안 독자에게 발견되어 구매의 행운을 얻기도 하며, 도서관 납품으로 수서收書되기도 한다.

도매상과 거래를 할 경우 각각의 도매상의 특성을 잘 살펴볼 필요가 있다. 우리가 출간하는 책의 특성에 맞는 도매상인지 살펴보기도 해야 하며, 신간 구매는 어느 정도 가능한지, 수금 방식은 어떤지 경험이 많은 마케터들에게 조언을 구하는 것이 좋다.

각 서점에 어떠한 공급율로 도서를 공급할 것인지도 매우 중요하다. 이 문제는 칼로 무 자르듯 말할 수 없는 예민한 부분이라서 지속적으로 출판을 하면서 결정해야 한다. 너무 높은 가격에 공급하면 서점에서 홀대할 것이고(당연하지 않은가. 서점의 이익이 줄어들 테니까), 너무 낮은 가격에 공급하면 출판사의 수익률이 떨어져서 운영에 어려움을 겪게 된다.

서점의 몰락이 야기하는 책 생태계의 균열!

잊을 만하면 한 번씩 터지는 출판계 뉴스 중 하나가 도매상이 부도났다는 뉴스다. 출판계 뉴스는 대부분 부정적인 것이다. 시민들이 책을 많이 읽기 시작했다는 뉴스는 찾을 수 없다. 그 대신 책이 안 팔린다거나 ○○ 도매상이 부도났다거나 하는 따위 뉴스가 대부분이다.

출판사들이 대부분 거래하고 있던 도매상의 부도는 출판사 전체를 심리적 공황상태에 빠지게 한다. 사실 도매상이 부도나는 것은 수많은 지역 서점들이 어려워진 것이 원인이고, 지역 서점들이 어려워진 까닭은 책을 구입하는 독자 수가 갈수록 줄어든 데다 줄어든 독자들마저 인터넷 서점에서 할인된 가격에 책을 구입하는 것에 익숙해지고 있기 때문이다.

서점 수보다 출판사의 숫자가 압도하는 현실(전국 서점은 2천여 곳에 불과한데 출판사는 6만여 곳이니 말이다)을 떠올리면 세계 10대 출판대국이라는 타이틀이 부끄럽기 그지없다. 그러니 다음과 같은 근본적인 문제가 해결되지 않으면 이러한 악순환은 지속될 수밖에 없다.

첫째, 독서 인구가 지금보다 훨씬 늘어날 것.
둘째, 서점이 지금보다 훨씬 활성화될 것.

셋째, 통일이 되어 우리말로 된 책을 필요로 하는 독자 수가 지금보다 50% 이상 늘어날 것.

우리는 이 문제 가운데 어느 하나도 해결할 능력이 없다. 그러니 상황이 이렇다는 사실을 알고 그에 적절히 대처할 수밖에 없다. 그리고 우리나라에 소재하는 그 어떤 서점도 폭리를 취한다고 비난해서는 안 된다. 기본적으로 출판사는 서점과 공생하는 관계이지 어느 한 대상을 이용만 하는 것이어서는 곤란하다.

요즘 이른바 독립출판이나 소형 출판사를 시작하는 분들 가운데는 서점이 가져가는 이윤 폭이 너무 크다는 이유, 또는 서점 거래가 매우 어렵다는 이유로 인해 독자들에게 직접 공급하는 경우도 있는 것으로 안다. 그런 경우를 자세하고 정확히 알지 못하지만 그런 방식으로는 출판사를 지속적으로 운영할 수 없다는 말은 꼭 전해드리고 싶다.

서점 거래를 하지 않으면 책을 택배로 공급해야 하는데, 택배 비용이 얼마나 비싼가. 그리고 서점을 거래하지 않으면 잠재 독자들은 그 책을 도대체 어디 가서 보고 확인한 후 책을 구입할 것인가.

영원한 벗, 교보문고여!

오래 전 다음과 같은 글을 한국일보에 게재한 적이 있다.

영원한 벗, 교보문고여!

그대를 만난 지도 벌써 수십 년이 흘렀구려. 아, 수십 년 알고 지낸 이가 적지 않으니 햇수로만 그대와의 인연을 이야기하기에는 부족하고 또 부족하구나.
그대는 늘 그곳에서 아프고 절망하고 부족함에 눈물 흘리던 나, 그리고 이웃들을 기다리고 있었지. 변치 않는 자세와 한결같은 마음가짐으로. 그 고마움을 어찌 한 장의 편지로 표현하겠는가. '사람은 책을 만들고 책은 사람을 만든다'는 그대의 좌우명이 시대의 좌우명으로 자리한 그 시대에 우리는 그대의 가르침 그대로 살았지. 그래, 요즘 살기가 어떠하신가?

책이라는 단어는 스마트폰이라는 오락기에 밀려 이제 '고어사전古語辭典'에서나 찾아보아야 할 지경인데다, 돈과 부자라는 단어가 홍수를 이루어 밀어붙이는 이 시대에 그대가 느끼는 고통이 어떠할지 짐작이 가지 않는 건 아니네.
그뿐인가? 그대와 같은 실재 서점(이걸 고상한 자들은 오프라인 서점이라고 하더군. 오호, 세종이시여!)은 가상 서점(이건 온라인 서점이라고 하나?) 이용자들에게 고작 전시관 노릇이나 해야 하는 오늘날, 그대가 품고 있는 수백만 권의 책이 어떤 역할을 하는지 잠시만 생각해 보아도 그대의 절망이 그대로 전해오는 듯하구려.
이쯤 되면 그대는 책을 독자들에게 전달하는 기능은 포기하고, 단 한 권의 책도 보여주지 못하는 가상 서점을 위해 책의 전시관, 진열장 노릇에 만족해야 하는 것 아닌가? 그렇다면 당연히 그대를 찾는 이들에게 전시관 입장료를 받아야 할 테고 말이지. 그러나 그대가 그런 삶을 선택하지 않으리라는 것은 수십 년에 걸친 그대와의 교류를 통해 익히 알고 있지.

(중략)

이 시대가 진정 책을, 출판계를, 실재 서점을 필요로 한다고 여기는가? 그대의 공간을 고급 식당가로 변모시켜 부동산업자로 편히 살 수 있는 길을 포기한 채 묵묵히 소명의 길을 걷고자 하는 의지를 과연 누가 이해해 줄 것이라 여기는가.

오늘 아침신문은 그대와 나, 모두에게 절망적이지만 현실을 직시할 수 있는 기사를 전해주더군. 대한민국 시민의 도서구입비가 9년 전에 비해 30% 가까이 줄어들었다고. 그 기간, 소득은 50% 이상 늘었으니 더 이상 무슨 말이 필요하겠는가. 나는 이제 깨달았다네. 이 시대는, 우리와 함께하는 이웃들은 더 이상 지성과 철학과 염치에 가치를 두는 대신, 돈과 천박한 명예와 성공에 목을 매달고 있음을 말이네. 그들이 필요로 하는 것은 책장이 아니고 금고요, 책이 아니라 통장임을.

그런 시대에 내 어찌 수십 년 벗인 그대의 좌절과 고통을 보고만 있을 것인가.

그대여! 교보문고여!

이제 그 힘든 짐을 내려놓게나. 그 정도 했으면 할 만큼 했네. 그대가 수십 년 동안 키워 온 대한민국의 지성, 철학의 소명 또한 다 되었지. 그러니 그대 또한 편한 길을 가게나. 그러면 이 나라, 이 사회, 이웃들은

> 어떡하느냐고?
> 그건 그들 몫이네. 서점도 장사니 알아서 살아남거나 망하거나 네 몫이라고 명령하는 그들의 몫이네. 책도 상품이니 정가 따위를 정해주는 건 불공정거래요, 따라서 팔리지 않는 상품을 만들고 다루는 자들 또한 망하는 게 당연하다고 정의하는 이 시대의 몫이란 말이지.
> 나는 그대, 교보문고 없는 우리나라를 상상하기 힘드네. 정말 그대가 사라진다면 나는 아마 숨 쉴 수 없을 만큼 큰 충격을 받겠지. 그러나 나 하나의 안위를 위해 그대가 이토록 고통 받으며 생존에 몸부림치는 모습을 보는 것은 더더욱 견딜 수 없네. 그대, 교보문고여! 함께 사라지세. 지성과 철학을 버린 이 시대를 떠나세.
> 그리하여 아무도 없는 먼 곳, 오래된 미래의 장소에 가서 우리끼리 한 잔 술을 나누며 향기 가득한 책을 펼치세. 더없이 아름다운 친구여, 교보문고여!
> -2013년 3월 8일자 한국일보 '사색의 향기'에서 전재.

오늘날 대한민국 독서계의 현실이 그때와 비교해서 나아졌다는 움직임은 그 어디서도 찾아볼 수 없다. 동네 서점, 즉 '실재 서점'의 가치는 세금을 주고도 살 수 없을 만큼 소중한 것임을 깨닫지 못하는 사회에 사는 것이 안타까울 뿐이다.

책, 어떻게 만들고 판매할 것인가?

책을 낸다는 것

세상에 책이 이렇게 많은데 무슨 책을 낼 수 있을까?

기획은 꼭 필요한 책들을 발견하는 것이다

오래 전부터 도서관이나 교사, 학생 등을 대상으로 강연을 다니곤 하였다. 그런데 출판사를 한다는 말을 들은 수강생들 가운데는 이런 질문을 던지는 경우가 꽤나 많다.

"출간되는 책이 너무 많아서 무엇을 읽어야 할지 모르겠어요."

맞다. 우리나라에서 한 해에 간행되는 출판물이 6만5천여 종에 달한다는 통계가 있으니 말이다. 아무리 '사람은 책을 만들고, 책은 사람을 만든다'고 외쳐 보아도 한 사람이 평생 읽을 수 있는 책이 1만 권을 넘지 못하는데, 한 해에만도 6만5천 권의 책이 출간되다니! 생각만 해도 너무 많은 책이 출간되는 듯하다.

그렇다면 앞으로 출판을 하려는 사람들은 과연 무슨 책을 출간해야 할까? 혹시 내가 내고자 하는 책들은 모두 출간되어 있지는 않을까? 이런 생각을 하는 것도 무리가 아니다.

그렇지만 출판을 하려는 분들은 이러한 통계에 만족해서는 안 된다.

무슨 말이냐고? 아니, 보다 솔직히 이야기한다면 우리나라 출판물은 아직 충분하지 않다. 다시 말하면 내야 할 책이 부지기수로 많다는 말이다. 이는 앞으로 출간될 책만 일컫는 것이 아니다. 과거에 나온 인류 문명 가운데 수많은 자취들이 미처 우리나라에 소개되지 못한 상태이기도 하다. 여기서 딱 꼬집어 무슨 책이 출간되어 있지 않다고 말하지는 않겠다.

아무튼 출판에 대해 조금만 고민하고 공부해 보면 알 수 있는데, 아직 우리 출판계는 해야 할 일이 참으로 많다. 물론 눈앞의 수익과 오늘의 생존을 고민하는 출판사들로서는 이러한 이야기가 한가하게 들릴지 모른다. 그렇지만 출판이라는 행위가 단순히 상업적 활동이 아니라는 점을 조금이나마 의식한다면 출판계 누군가는 해야 할 일임을 깨닫게 될 것이다.

그뿐이 아니다.

책은 기본적으로 문명을 기록하고 전파하는 과정이다. 그러니 문명이 지속되는 한 출판은 인류가 행해야 할 필수 작업이다. 오늘 새로운 문명이 탄생한다면 출판 또한 그 모습을 기록해서 후대에 전달해야 한다. 그러니 출판사가 무슨 책을 내지? 하는 걱정 따위는 할 필요가 없다.

무슨 책을 출판할 것인가를 결정하는 행위를 출판 기획이라고 한다. 결국 출판의 첫 단추가 출판 기획인 셈이다.

그럼, 출판 기획을 하는 방법을 몇 가지 소개해 본다.

오늘, 이 시장이 요구하는 책을 찾기

가장 쉽고도 어려운 방법이 오늘, 현재, 출판 시장이 요구하는 책을 출간하는 것이다. 무슨 책을 출간해야 할지 모른다면 일단 서점에 나갈 일이다. 그럼 오늘날 독자들이 무슨 책을 읽는지, 어떤 분야의 어떤 책을 선호하는지 알 수 있다. 사실 이 방법은 많은 출판인들이 택하는 방법이기도 할 뿐 아니라 어찌 보면 당연한 일일 수도 있다. 시장을 모르면서 상품을 개발하는 것은 상상할 수도 없으니까 말이다.

그렇게 시장의 움직임을 파악하고 나면 어떤 책을 출간해야 시장에서 살아남을 수 있을지 판단할 수도 있다. 그런 과정을 거쳐 새로운 책을 출간하는 것이다. 그러나 이 방법은 가장 쉬우면서도 가장 어렵다. 이른바 '따라하기'는 쉽지만 누구나 할 수 있기 때문에 성공 확률이 가장 낮다. 그런데도 수많은 사람들이 이렇게 책을 출간한다. 과거를 돌아보아도 알 수 있는데, 오래 전에

《시크릿》이라는 책이 유명세를 타자 온갖 책이 '~시크릿'이라는 제목을 달고 출간되었다. 오늘날도 다르지 않다. 얼마 전에 한 TV 프로그램 '책 읽어드립니다'에서 유명한 고전들을 소개했다. 그러자 듣도 보도 못하던 출판사들이 인터넷 서점에서 예약판매를 걸더니 불과 열흘 만에 그 책들을 출간해서 팔기 시작했다. 그런데 더욱 놀라운 일은 그렇게 번갯불에 콩 볶듯 낸 책들이 오랜 시간에 걸쳐 출간된 기존 출판사의 책들보다 더 많이 팔렸다는 사실이다. 이런 상황을 보면서 많은 출판인들이 자괴감을 느끼는 것이 현실이다.

'이러니 누가 좋은 책을 오랫동안 고민해 가면서 출판하겠어?'

'이런 상황에서 왜 많은 돈과 수고를 들여 책을 출간해야 하지? 적당히 베껴서 마케팅만 잘하면 되는 것 아냐?'

그러나 또 누군가는 이렇게 말할 수도 있다. '자본주의 사회에서 소비자가 찾는 상품을 빨리 만들어 파는 게 왜 비난받을 일이지?'

어떤 의견을 따라야 한다고 말하지 않겠다. 출판을 문명의 기록으로 여기는 분들이건, 돈벌이 수단으로 이해하는 분들이건 알아서 판단하리라 믿는다. 다만 이런 방식으로 끊임없이 시장 돌아가는 방향에 따라 출판사를 운영하려면 단 하루도 편히 살 수 없다는 말은 전해드리고 싶다.

처음 출판사를 설립하고 나면 누구나 베스트셀러를 출간해 일확천금하고, 당당히 출판사 대표라고 명함 파서 다니고 싶어 한다. 그러나 놀랍게도 과거에 베스트셀러 출간한 출판사 가운데 오늘날까지 왕성하게 활동하는 출판사 숫자는 극히 적다. 이야말로 출판계의 불가사의 가운데 하나인데, 심증은 가나 물증이 없어서 그 이유를 적지 않는다. 다만 사실이 그러하니 너무 베스트셀러에 목숨 걸지 마시라는 이야기를 드리고 싶다.

하나 더! 시장이 요구하는 책은 끊임없이 변한다. 시대에 따라 경제경영서가 주류를 이루다가 '~인문학'의 이름을 단 책이 인기를 끌기도 한다. 다시 자기계발서가 각광을 받다가 시간이 흐르면 주식 투자 책이 매장 전면에 나서기도 한다.

그렇다면 여러분은 끊임없이 그 흐름을 따라갈 것인가?

그게 아니라면 자신이 세워 놓은 방향으로 고집스럽게 나아갈 것인가?

알아서 선택할 일이다.

자신의 전공 분야, 전문 분야에 집중하기

최근 들어 가장 효과적인 기획 방식이라고 할 수 있다.

예전에는 출판사를 운영하는 것 자체가 매우 복잡해서 다양한 분야의 전문가들이 출판에 뛰어들기가 어려웠다. 그러나 최근 들어 출판사를 운영하는 것이 상대적으로 용이해져서 그런지 다양한 분야의 전문가들도 출판에 뛰어드는 듯하다. 그런 경우 가장 쉬운 기획 방법은 자신의 전공 분야, 전문 분야의 책을 출간하는 것이다.

출판만을 전문적으로 하는 사람들은 다양한 분야에서 필요로 하는 책이나 주제, 소재가 무엇인지 잘 알지 못한다. 반면에 그 분야에 종사하는 사람들은 조금만 노력해도 그 분야에서 필요로 하는 책이 어떤 것인지 알 수 있다. 국내서뿐 아니라 외서外書도 마찬가지다.

건축을 전공한 분이라면 건축 분야에 집중해서 출판을 하고, 환경을 전공한 분이라면 환경 분야에 집중해서 출판을 하다 보면 아무래도 다양한 출판을 하는 출판사에 비해 전문성을 갖출 가능성이 높다. 물론 이런 경우 조심해야 할 부분도 있다. 기획 분야에서는 특화하여 장점을 발휘할 수 있지만 그 시장이 그리 크지 않을 수 있다는 단점을 염두에 두어야 한다.

또 특별한 분야의 전문가라면 출판이라는 사업에는 문외한일 수 있다. 그럼 출판 전문가의 도움이 필수적일 수밖에 없다. 출판사를 운영하다 보면 차츰 깨닫게 되는 것 가운데 하나가 이런 것이다.

"좋은 책만 내면 되는 줄 알았는데, 그런 게 아니더라고요."

맞다. 출판사도 어엿한 사업이다. 그러다 보니 본질을 추구하기 위해서는, 본질이 아닌 다른 많은 일도 해내야 한다. 본질로 가는 길은 결코 일직선이 아니다. 크게는 회사 운영에 필요한 회계부터 작게는 택배 포장하는 일에 이르기까지 이른바 허드렛일이라고 할 수 있는 게 무척 많다. 그런데 출판사를 운영하다 보면 그 어떤 일도 소홀할 수 없다.

그러니 한 분야의 전문가인 분이 출판사를 시작할 때는 책을 내는 것 외에도 해야만 하는 여러 일들에 대해서도 염두에 두셔야 한다는 말을 꼭 전해드리고 싶다.

기존 출판이 놓치고 있는 빈틈을 노리기

앞서도 언급한 바 있듯이 서점에 나가 보면 세상에 필요한 책은 모두 출간되어 있는 느낌이 들 때가 한두 번이 아니다. 서점에 나가 보면 의욕이 생기는 것이 아니라 오히려 좌절과 절망감만 들 때도 있다. 그러니 서점에 나갈 때도 일정한 기준과 목표를 가지고 나가야 한다. 무작정 나가서 시장을 관찰하겠다고 하면 얻는 것은 없이 다른 출판사 따라 하기만 배워올 수도 있으니 말이다. 서점을 관찰하고자 한다면 적어도 몇 달은 해야 한다. 하루 이틀로 무언가를 얻으려고 한다면 오만이요, 독선이다.

대학 시절에 학교 도서관 전체 서가를 일별一瞥하였다. 처음에는 읽고 싶은 책을 찾으려고 서가를 헤맸고, 다음에는 워낙 많은 책을 접하다 보니 호기심이 발동해서 이 책 저 책 구경에 나섰다. 이러한 습관(또는 취미)은 출판사를 운영한 지 수십 년이 지난 오늘날에도 버리지 못하고 있다. 예를 들면 일본 도쿄 한복판에 있는 기노쿠니야서점紀伊國屋書店을 방문해 지하부터 맨 꼭대기 층까지 모든 서가를 몇 번이나 훑었는지 모른다. 중국 베이징, 쯔진청紫禁城(자금성) 옆에 있는 베이징투슈따샤北京圖書大厦(북경도서대하)의 서가를 또 그렇게 뒤졌다. 아마 열 번은 더 보았을 것이다. 그러니 웬만한 베이징 시민보다 베이징투슈따샤의 어느 서가에 무슨 책이 있는지 더 잘 알 것이다.

물론 이러한 취미는 책을 보는 행위 자체가 즐겁기도 하고, 그 과정에서 새로운 책을 찾는 묘미를 즐기기도 해서일 것이다. 그 과정에서 베스트셀러가 될 만한 책을 찾아 온 적은 없다. 그러니 그런 행위를 온전히 사업적 목적만 가지고 해내기는 어려울 것이다. 누군가 "그런 짓을 왜 해요?"라고 물으면 그냥 좋아서 한다고 말할 수밖에 없다. 그리고 그러한 행위가 상업적 이득을 가져다준다고도 말하기 어렵다. 다만 그런 과정을 거쳐 세상에 필요한 책이 어떤 내용을 가지고, 어떤 편집 틀을 갖추며 어떤 모양새로 만들면 좋을까를 고민하였다고 자신 있게 말할 수 있다.

또 서점 전체, 도서관 전체를 훑다가 보면 우리나라 출판계의 오늘과 비교할 수 있게 될지도 모른다. 그 과정에서 어떤 분야, 어떤 저자, 어떤 책이 필요한지 보일지도 모른다.

출판 기획을 하다가 무언가 답답한 벽을 마주한 느낌이 드셨다면 도서관 서가 전체를 구경하라고 권하고 싶다. 오늘날까지 우리에게 전해오는 문명과 역사를 관찰하다 보면 출판인으로서 내가 가야 할 길이 어렴풋하게나마 보일지 모르는 일이다. 그렇다고 이러한 제안을 사업적인 목적을 달성하는 데 도움이 될 거라고는 믿지 말기 바란다.

내가 내고 싶은 책 내기

이야말로 환상적인 출판 기획이다. 내가 내고 싶은 책 내면서 지속적으로 출판사를 운영할 수 있을 만한 경제성까지 갖춘다면 그보다 더 행복한 일이 있겠는가. 베스트셀러 한 권으로 인생 역전을 꿈꾸는 장사치 출판사가 아니라면, 이러한 기획과 출판이야말로 모든 이들의 선망羨望일 것이다.

"에이, 그런 꿈같은 출판을 어떻게 해요?"

맞다. 이런 일은 불가능에 가깝다. 그렇다고 전혀 불가능한 것만은 아니다. 앞서 설명한 것처럼 책의 문화적 역할을 위해 정부에서는 다양한 경로를 통해 좋은 책을 지원하고 있다. 그러니 자신이 좋아하는 책이 사회적 수요와 맞물리기만 한다면 최소한의 물적 토대는 갖출 수도 있다.

정부의 좋은 책 지원 사업으로는 세종도서 선정 사업, 학술원 선정도서 지원 사업, 우수 콘텐츠 지원 사업 등이 있다. 그 외에 도서관의 수서收書를 통해서도 양서는 최소한의 수요를 창출할 수 있다.

그렇지만 이때 조심해야 할 것이 있다. 내가 내고 싶은 책이 사회에 도움이 되어야 한다는 것이다. 내가 내고 싶은 책이 온전히 개인적인 취향이거나 사적私的 유희의 대상물이어서는 안 된다.

"그런 식으로 평가를 받는다면 그게 어찌 내가 내고 싶은 책인가요? 사회가 필요로 하는 책이지."

맞다. 여기서 말하는 '내가 내고 싶은 책'은 '내 판단으로 사회에 필요한 책'을 가리키지, 내 개인적인 취미 활동으로 내고 싶은 책을 가리키지 않는다. 그것도 분별할 수 없는 분이라면 절대 출판사를 운영하지 마시기 바란다. 개인적 취향으로, 개인적 욕심으로, 개인적 명예를 위하여 출판하는 분은 지금도 너무 많다. 그리고 필요한 책은 넘치는데, 그런 책은 출간하지 않으면서 쓸데없이 나무만 해치는 책도 너무 많다.

반드시 있어야 할 책

출판 기획을 하는 사람으로서 가장 가슴 아픈 항목을 꼽으라면 바로 이것이다.

반드시 있어야 할 책인데, 우리나라에는 없는 책. 상식적으로는 이런 책이라면 출판사들이 앞다투어 출간할 것 같다. 그러나 그렇지 않다. 대한민국이 세계 10대 출판대국이니 세계 7대 출판대국이니 하는데, 그건 겉모습일 뿐이다. 그럼에도 대한민국에서 출판하는 사람으로서 참으로 감사하게 생각하는 것이 우리 국민이 5천만 명이 넘는다는 사실과 그 모두가 같은 언어를 사용한다는 사실이다.

대한민국이라는 나라는 면적으로 보면 세계 100위권 밖이다. 반면 인구로 보면 세계 28위라고 한다. 그러나 대한민국이 세계 10대 출판대국에 속할 만큼 출판 시장이 크다는 사실은 여전히 낯설다. 많은 분들은 "우리가 그렇게 책을 많이 읽는단 말이야?" 하고 생각하실 것이다.

이러한 반응도 어쩌면 당연하다. 우리나라의 1년간 1인 독서량은 6.1권으로(2019년 종이책 기준) 그리 크지 않으니까. 그러나 언어라는 기준을 들이대는 순간 우리나라는 충분히 출판대국이 될 만하다. 왜? 많은 나라의 경우, 여러 나라가 같은 언어를 사용하기도 하고, 한 나라 안에서도 다른 언어를 사용하는 사람들이 모여 있기도 하다.

반면에 우리는 모든 사람들이 같은 언어를 사용하고 있다. 그뿐이 아니다. 우리가 사용하는 우리말, 한글은 다른 나라에서는 전혀 사용하지 않는다. 그러니 5천만 국민이 읽는 책은 온전히 우리나라 땅에 뿌리내린 출판사에서 출간해야 한다.

반면에 스페인어를 사용하는 수많은 나라들은 자신의 나라 밖에서 출간한 책을 읽어도 된다. 그러니 스페인어를 사용하는 모든 나라들이 출판사를 소유할 필요가 없다. 영어를 사용하는 수많은 나라도 마찬가지다. 그런 기준으로 보면 지구상의 수많은 나라 가운데 상업적 출판이 가능한 나라가 과연 몇 나라나 될까? 충분히 고민해 볼 문제다.

이러한 이유로 대한민국은 출판이라는 멋진 사업을 독자적으로 수행할 만한 나라다. 어찌 감사하지 않을 수 있겠는가. 그러나 이러한 상황이 언제나 감사할 일만도 아니다. 5천만 명이 넘는 국민(5천만 명 모두가 독자라면 세상에 출간하지 못할 책이 없다. 그러나 모든 국민이 독자일 수는 없다. 그래서 같은 언어를 사용하는 국민이 1억 명은 있어야 모든 책을 출간할 수 있지 않을까 생각한다)이 필요로 하는 책의 경우에는 우리나라에서 출간하기가 어렵기 때문이다.

우리가 태생적으로 경쟁해야만 하는 달갑지 않은 일본의 경우는 인구가 1억2천만 명 정도 된다. 일본 또한 자신들만의 언어를 가지고 다른 나라와 교류도 힘든 섬에서 살고 있다. 게다가 그들은 세계가 알아주는 독서대국이다. 그러니 일본에서 출간하지 않는 책은 지구상에 없는 책이라고 보아도 무리가 아니다. 출판이라고 하는 분야에 한정한다면 참으로 부러운 환경이다.

일본 출판계를 몇 번만 관찰하고 나면 드는 생각이 있다. '얘들은 이런 책까지 출판한단 말이야?' 이때 '이런 책'은 새로운 신간을 가리키는 게 아니다. 인류가 남긴 무수한 고전, 자료, 역사 같은 책이다. 신간이야 우리나라에서도 하루가 멀다 하고 온갖 책이 출간된다. 그러나 그리스 로마가 남긴 고전들, 동양 고전들, 인도의 고전들, 그 외에 수많은 문명이 남긴 다양한 기록들 대부분이 일본에서는 출간되고 있다. 그런 책들을 보다 보면 부러움을 넘어 답답하기까지 하다.

대표적인 책 한 권만 들겠다. 인류 역사에 가장 결정적인 전환을 가져온 책 가운데 한 권인 코페르니쿠스의《천체의 회전에 관하여》라는 책이 우리나라에는 출간되어 있지 않다. 그러니까 코페르니쿠스의 지동설地動說을 소개하는 온갖 책들은 있으나 정작 그 원전은 읽지 못하는 셈이다. 반면에 일본에서는 이 책이 아주 오래 전, 그러니까 수십 년 전에 이미 문고본으로 출간되어 수십만 부가 팔렸다. 일본인들이 노벨 과학상을 시도 때도 없이 받는 데는 다 까닭이 있었던 셈이다. 그 책 외에 무수히 많은 인류의 필독서가 일본에는 출간되어 있는 반면 우리나라에는 출간되어 있지 않다.

이것을 단순히 상업적 출판의 기반 문제라거나 일본인들의 독서열 따위로 해석해서는 안 된다. 우리나라가 과학 분야뿐 아니라 모든 인류 문명 분야에서 명실상부한 선진국으로 나아가기 위해서는 국민소득의 향상보다 더 심각하게 받아들이고 해결책을 논해야 할 부분이다.

"그런 중요한 작업을 당신은 왜 안 하였소?"

누군가 그렇게 묻는다면 할 말이 없다.

이런 분야의 책은 빙산의 일각일지도 모른다. 무수한 책들이 미처 출간되지 못하고 있는 게 현실이다. 연부역강年富力强한 출판인들이 나서 꼭 필요한 책들이 우리나라 서가에 꽂히도록 노력해 주기를 바란다.

외서는 어떻게 출간할까?

우리나라는 번역서의 천국, 그 이유는

우리나라는 번역서 천국이기도 하다. 번역서 비중이 해마다 다르지만 적게는 20% 남짓에서 많게는 40%에 이른다는 말이 있으니 대단한 셈이다. 일설에는 세계에서 번역서 비중이 가장 높다는 말도 있으나 정확한지는 모르겠고, 다만 세계적으로 드문 수준이라고는 하겠다. 왜 그렇게 번역서 출판 비중이 높은지에 대해 뾰족한 대답을 전해주는 사람은 거의 없다. 개인적 판단을 말하라고 한다면 다음 몇 가지 요인을 들 수 있겠다.

필자의 부족

가장 먼저 들 수 있는 요인은 우리나라 필자가 부족하다는 사실일 것이다. 세계적인 흐름을 보면 책을 낼 정도의 필력筆力을 갖춘 사람은 대부분 대학에서 가르치거나 연구하는 사람, 그리고 언론인인 듯하다. 번역된 외서外書저자 약력을 살펴보면 그러하니까.

그런데 우리나라의 경우 특히 언론인 출신 저자를 찾아보기가 어렵다. 물론 유명 저자들 가운데는 기자 출신이 꽤 있다. 그러나 절대적인 숫자가 부족한 것은 사실인 듯하다. 지금보다 훨씬 더 많은 기자 출신 저자가 나타나야 한다. 왜냐하면 기자야말로 전문적인 분야를 대중의 언어로 기술할 수 있는 훈련을 받고 소양을 갖춘 직종이니까. 신문 기자를 비롯해 전문지 등 잡지 기자 출신은 더욱 늘어나야 한다. 전문지 기자야말로 한 분야를 신문기자보다 훨씬 심도 있게 다룰 수 있으니 그만큼 시민들에게 전달할 내용도 많을 텐데, 하는 아쉬움이 남는다.

방송 출신 저자는 말 그대로 눈을 씻고 찾아보기 힘들 정도인데, 이에 대해서는 할 말이 있다. 우리나라 텔레비전 방송은 지상파건 종편이건 시민을 위한 교양 프로그램은 눈 씻고 찾아보아야 할 만큼 귀하다. 반면에 대부분의 방송 시간을 차지하는 것은 온갖 형태의 예능 프로그램이다. 연예인들 출연해 온갖 음식 맛보고 집 구경 다니고 신변잡기 늘어놓는 프로그램 만들면서 시청률 올리기에 급급한 방송 PD들이 대중용 교양서를 집필할 수 있는 능력을 갖추기는 어려울 것이다. 관심 분야도 아닐뿐더러 여력조차 없을 테니까 말이다. 우리나라가 노벨상 수상 시즌만 되면 방송에서 언론에서 공염불일지언정 노벨상을 받아야 한다고 떠들려면 우선 언론이 시청률 지상주의에서 벗어나 언론 본연의 사명에 단 10%라도 힘을 쏟아야 한다.

교수들도 대중용 교양서를 출간함에 있어서 어려움이 있다는 말을 종종 듣는다. 최근 들어 대학사회까지 침투한 신자유주의는 교수들마저 평가의 잣대에서 벗어날 수 없도록 하는데, 그때 필요한 잣대에서 대중용 교양서는 빠진다는 말을 들은 적이 있다. 만일 그렇다면 참으로 심각한 일이 아닐 수 없다. 교수들이 자신이 공부한 내용을 시민사회에 전파하는 일을 경시하는 사회가 지식사회로 발돋움하기란 어렵지 않을까.

글쓰기 교육의 부재

다음으로 들 수 있는 요인으로는 우리나라 사람들의 글쓰기 능력이 기본적으로 떨어진다는 사실이다. 이렇게 말하면 "너부터 잘 써라." 하는 말을 듣기 십상이다. 그럼에도 이 문제는 지적할 수밖에 없다.

오늘날 주관식 시험을 보는 중고등학교가 있는지 모르겠다. 대학에서도 주관식 시험을 꺼린다는 말이 어제오늘 이야기가 아니니 그 아래 학교에서는 두말할 나위가 없다. 대학입시를 객관식으로 치르는 것이야 수십 년 된 이야기니 새삼 언급할 필요조차 없다. 결국 우리나라 학생들에게 글을 잘 쓰는 것은 상급학교에 진학하는 데 아무런 도움이 되지 않는다.

그렇다면 우리는 언제 글쓰기 교육을 받을까? 초등학교 때 일기 쓰기와 독후감 쓰기, 그리고 중고등학교에서 연례행사처럼 치르는 독후감 대회나 백일장 대회가 전부일 것이다. 그렇게 글쓰기 교육을 방기放棄한 다음 갑자기 대학입시에서 자기소개서를 써 내라고 한다. 그것도 온전히 스스로의 힘으로. 이는 자신의 일생이 걸린 일을, 단 한 번 해본 적도 없고 배워본 적도 없는 방식에 맡기라는 것과 다르지 않다. 학교 역시 책임으로부터 자유롭지 못하다. 우리 교육에서는 글쓰기를 가르치지 않으니까(오래 전에는 중·고등학교 과목 가운데 《작문》이라는 것이 있었다. 그런데 언제부터인가 슬며시 사라졌다). 우리나라 교육 담당자들 시각에서는 글쓰기가 훈련으로 되는 게 아니라 타고나는 것일지 모르지만, 이른바 문화 선진국들이 글쓰기 교육을 얼마나 중시하는지 안다면 타산지석으로 삼아야 할 것이다.

이런 여러 가지 이유로 인해 우리나라 사람들의 글쓰기 능력은 뒤떨어진다. 특히 과학이나 여타 분야의 책들을 읽다 보면 참신한 글을 찾기 힘들다.

반면에 다른 나라의 경우 과학자의 글이 되었건 의사, 건축가 등 온갖 분야 전문가들의 저서를 펼쳐도 글 읽는 즐거움이 상당하다.

재미있는 글을 쓸 수 있는 저자의 부족을 노벨상 수상과 연관 짓거나 나라의 미래와 연결한다고 하면 견강부회牽强附會라는 말을 들을지도 모른다. 단순하게 말해서 좋은 책을 많이 출간해 외서 비중을 줄이기 위해서라도 글쓰기 교육을 강화해야 한다.

좋은 저자의 부재는 엉뚱한 부작용을 낳는다

좋은 저자가 부족하다는 사실은 출판사를 운영하는 사람들에게는 곤란한 상황을 안겨준다. 특히 어떤 출판사 대표나 기획자에게는 다음과 같은 가슴 아픈 상처를 남기기도 한다.

한 출판사에서 상당한 노력을 통해 심리학 분야의 새로운 저자를 발굴한다고 치자. 당연히 새로운 저자를 발굴하기 위해서는 여러 노력이 필요하다.

우선 책을 단 한 권도 출간한 경험이 없는 저자의 경우에는 글쓰기 능력도 좋고 전공 분야도 좋다고 해도 한 권의 책을 어떻게 주제를 잡고 구성하여야 할지 막연한 경우가 많다. 그런 경우 좋은 기획편집자는 저자에 어울리는 주제와 책의 구성까지 일목요연하게 완성해 전하게 된다. 그럼 저자는 그에 맞추어 책을 집필하게 된다.

그렇게 저자를 발굴한 출판사가 대형 출판사인 경우에는 특별히 문제가 발생하지 않는다. 그렇게 출간한 책이 사회적 평가를 받으면 다음 책 또한 기획하고 출간하면 되니까 말이다.

그런데 그 출판사가 중소형 출판사인 경우에는 이야기가 달라진다. 조금이라도 사회적 평가를 받은 저자라면 온갖 출판사들이 그 저자에게 연락(이건 말이 좋아서 연락이지 세상의 언어로 말한다면 '달라붙기'다)하기 시작한다. 특히 대형 출판사들이 더하다. 돈과 인력, 마케팅 능력 등을 내세워 설득할 때 넘어가지 않을 저자는 거의 없다.

결국 어렵게 노력해서 한 저자를 발굴한 출판사는 '닭 쫓던 개' 신세가 된다. 그렇게 자신이 발굴한 저자가 떠나는 모습을 바라보는 심정이 어떠하겠는가. 그리고 한두 번 그런 경험을 하고 나면 중소형 출판사들은 좋은 저자를 발굴하고자 하는 의욕을 상실하게 된다.

그런데 이는 1단계 부작용일 뿐이다.

2단계 부작용이 또 있다. 그렇게 수많은 출판사들이 온갖 수단을 동원해 저자 설득에 나설 때, 그래도 자신의 분야를 지키며 자신의 능력 범위 내에서 책을 출간하는 저자는 오래 살아남는다. 그런데 한때의 인기를 타고 접근하는 수많은 출판사와 정신없이 계약하다 보면 짧은 기간 내에 많은 책을 출간하게 된다.

그러나 인간의 능력에는 한계가 있기 마련이다. 아무리 뛰어난 소설가도 작품을 완성하는 데는 일정한 기간과 상상력의 활용이 필요하다. 과학자도 그렇고 사회학자도 그렇다. 그런데 불과 몇 년 사이에 십여 권 이상의 책을 출간하는 저자를 심심찮게 찾을 수 있다. 그럼 어떻게 되겠는가.

처음 몇 권에 대해서는 독자들도 그런가보다 하고 넘어간다. 그러나 누군가 말했다. "모든 사람을 잠시 속일 수는 있다. 또 몇몇 사람을 영원히 속일 수는 있다. 그러나 모든 사람을 영원히 속일 수는 없다."라는 말이 있듯이 바닥난 지식을 동원해 끊임없이 엇비슷한 책을 출간하는 저자는 결국 독자들의 외면을 받게 된다.

지난 몇 년간 출판계를 풍미했던 저자들을 꼼꼼히 분석해 보면 이런 현상을 심심찮게 발견할 수 있다. 출판인들이 어렵게 발굴한 저자가 그렇게 사라지는 모습을 보는 것은 안타깝다. 그러나 이 또한 세계적인 규모로 성장했으나 저자의 부족이라는 문제를 겪고 있는 우리 출판계의 부작용 가운데 하나다.

외서 출판

앞서 살펴본 여러 이유 때문에 우리나라의 외서 출판 비중은 세계적으로도 매우 높다. 이는 외서 번역 출간 종수가 많다는 것을 의미하는 것을 넘어서 출판 매출에서도 차지하는 비중이 매우 크다는 것을 의미한다. 즉 잘 팔린다는 이야기이다. 그러니 많은 출판사들이 외서 출판에 열을 올리는 것도 당연해 보인다. 이러한 현상을 확인할 수 있는 것이 있다. 세계적인 도서 판매 사이트인 아마존닷컴에 들어가 보라. 세계 각 나라의 무수히 많은 책 정보를 확인할 수 있는데, 조금만 괜찮다(이는 시장성 면이나 내용 면이나 마찬가지다) 싶으면 대부분 우리나라에 출간되어 있다는 사실을 알 것이다. 처음 출판할 때는 아마존닷컴을 샅샅이 뒤지지만 얼마 안 가 그러한 노력이 별 결실을 거두지 못한다는 사실 또한 확인하게 된다. 그래도 어쩌랴. 출판을 하는 사람은 그러한 노력을 영원히 포기할 수 없다.

에이전시에 대하여

외서 계약을 대행하는 저작권 에이전시 역시 출판사와 마찬가지로 작은 규모로도 시작할 수 있어서인지 최근 들어 꽤 많은 저작권 에이전시가 활동하고 있다. 십여 년 전만 해도 활동하는 에이전시가 손가락으로 꼽을 정도였는데, 몇 년 사이 신생 에이전시들이 꽤 많이 생긴 듯하다. 에이전시가 늘었다는 것은 출판사 입장에서 한편으로는 긍정적으로 작용하지만 또 다른 면에서는 부정적인 면도 있다.

긍정적인 면을 살펴보면, 에이전시들 사이의 경쟁으로 인해 출판사에 대한 서비스가 개선되었다는 점일 것이다. 최근 들어서 에이전시들이 출판사에 보내오는 신간 소개 뉴스레터의 질은 과거에 비해 월등히 개선되었다. 과거에는 외서 정보를 외국어 그대로 보내오는 경우도 적지 않았는데, 최근에는 우리말로 '뛰어난' 제목까지 작명해 보내오는 경우가 흔하다. 그림이 많은 책의 경우에는 본문 정보까지 상세히 보내주기 때문에 사전에 책을 검토하는 데 유익하다.

반면에 에이전시가 늘었다는 것은 그만큼 많은 출판사에 정보가 제공되며, 그에 따라 특정 도서에 대해서는 경쟁이 치열해졌다는 점도 간과해서는 안 된다.

또 에이전시의 서비스나 방식 역시 천차만별이어서 출판사를 상대로 이른바 '갑질'하는 에이전시도 있고, 출판사가 열심히 노력해서 찾은 책에 대해 저작권 중개를 요청하면 오히려 다른 출판사에 정보를 흘려 경쟁을 유도하는 비도덕적인 에이전시도 있는 듯하다.

그러나 이는 일부 에이전시의 사례이고 대부분 에이전시들은 매우 성실하게 출판사가 요구하는 도서 정보를 찾아 제공해 주고자 노력한다. 그러므로 외서 출판을 하고자 한다면 가장 먼저 해야 할 일이 에이전시에서 보내주는 뉴스레터를 꼼꼼히 살펴보는 것이다.

한편 에이전시들도 출판사와 마찬가지로 자신만의 전문 영역으로 특화되어 있는데, 어느 에이전시는 영어권에 강한 반면 또 어느 에이전시는 일어권에 강하며, 불어권에 강한 곳도 있고, 어느 에이전시는 독일어권에 강세를 보이기도 한다.

또 해외의 특정 출판사는 우리나라 한 에이전시에 독점권을 부여하기도 한다. 그래서 그 해외 출판사의 책은 해당 에이전시와만 거래가 가능하다. 그렇다고 해서 그런 에이전시를 찾기 위해 노력할 필요는 없다. 자신이 거래하는 에이전시에 도서 정보를 보내면 "이 책은 ○○에이전시 독점입니다. 그곳으로 연락하십시오."라고 친절히 알려주니까 말이다.

어느 정도 업무에 경험을 쌓다 보면 어떤 에이전시가 양심적이고 출판사 입장에서 일하는지, 어떤 에이전시가 한국 출판사보다는 해외 저작권사의 이익을 위해 움직이는지, 그걸 위해 무리한 방법을 동원하는지 판단이 가능하다. 그러니 1년에 수십 권의 외서를 계약할 수준이 되기 전에는 몇몇 에이전시와 관계를 돈독히 해서 거래하는 것이 나을 것이다.

에이전시 뉴스레터 보기

처음 출판을 시작하는 분들에게는 무라카미 하루키(같은 유명 작가들)의 새로운 작품이 출시될 때 그 경쟁에 참여할 기회가 주어지지 않는 게 일반적이다. 이건 햇병아리 출판사뿐 아니라 웬만한 출판사들 모두에 해당한다. 이른바 대작大作의 저작권 수입은 그들만의 리그라고 보면 된다. 저작권료도 한두 푼이 아니요, 그 작품을 출간해 우리 시장에서 일정 부수 이상을 판매할 수 있는 능력을 갖추고 있는 출판사가 아니면 아예 진입 자체가 불가능하다는 사실 정도야 누가 말 안 해도 알고 있을 거라 생각한다.

그렇다면 새롭게 출판을 시작하는 분들은 어떻게 좋은 외서를 찾아낼 수 있을까? 현실을 말씀드리자면 한마디로 매우 힘들다. 우리가 접하는 무수히 많은 외국 출판사나 에이전시의 뉴스레터를 살펴보면, 괜찮은 목록은 대부분 저작권 계약이 완료되었음을 알 수 있다. 이는 매일 에이전시들이 출판사로 보내오는 수많은 목록 소개 레터를 성실히 보고 눈 밝은 편집자가 먼저 찾아내서 계약에 성공했을 수도 있고, 또 다른 경우는 그 저자의 기존 저작물을 계약한 출판사들에게 먼저 제안을 해서 수용을 한 경우일 수도 있다.

시간과 열성이 있는 분이라면 에이전시들이 보내오는 뉴스레터를 말 그대로 성실히 보라고 권해드린다. 어느 에이전시도 뉴스레터에 나오는 책의 자료를 보내달라고 할 때 귀찮아하지 않고 빠르게 응답해 준다. 그러니 계약을 하지 않는다고 해서 전혀 부담 갖지 마시고 열심히 원고 요청해서 검토하시면 된다.

물론 에이전시가 보내오는 뉴스레터가 모두 알찬 것은 아니다. 어느 에이전시는 단순히 제목과 광고 카피 수준으로 안내하는가 하면 또 다른 에이전시는 자신의 책처럼 성실히 검토한 내용을 보내오기도 한다. 아무래도 알찬 뉴스레터가 소개하는 책에 눈길이 가기 마련이다. 그러나 뉴스레터의 알차고 성근 정도가 책의

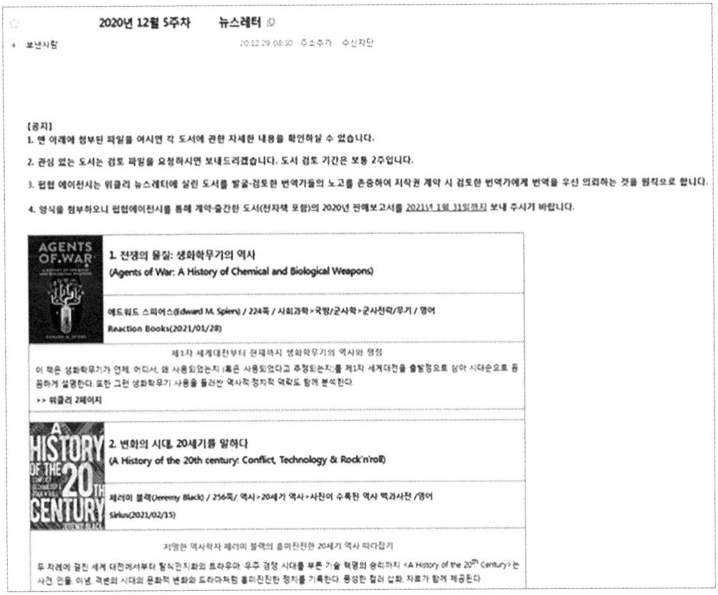

2020년 12월 5주차 뉴스레터

보낸사람 20.12.29 08:30 주소추가 수신차단

[공지]
1. 맨 아래에 첨부된 파일을 여시면 각 도서에 관한 자세한 내용을 확인하실 수 있습니다.
2. 관심 있는 도서는 검토 파일을 요청하시면 보내드리겠습니다. 도서 검토 기간은 보통 2주입니다.
3. 펍헙 에이전시는 위클리 뉴스레터에 실린 도서를 발굴·검토한 번역가들의 노고를 존중하여 저작권 계약 시 검토한 번역가에게 번역을 우선 의뢰하는 것을 원칙으로 합니다.
4. 양식을 첨부하오니 펍헙에이전시를 통해 계약·출간한 도서(전자책 포함)의 2020년 판매보고서를 2021년 1월 31일까지 보내 주시기 바랍니다.

1. 전쟁의 물질: 생화학무기의 역사
(Agents of War: A History of Chemical and Biological Weapons)
에드워드 스피어스(Edward M. Spiers) / 224쪽 / 사회과학>국방/군사학>군사전략/무기 / 영어
Reaction Books(2021/01/28)

제1차 세계대전부터 현재까지 생화학무기의 역사와 쟁점
이 책은 생화학무기가 언제, 어디서, 왜 사용되었는지 (혹은 사용되었다고 추정되는지)를 제1차 세계대전을 출발점으로 삼아 시대순으로 꼼꼼하게 설명한다. 또한 그런 생화학무기 사용을 둘러싼 역사적·정치적 역학도 함께 분석한다.
>> 위클리 2페이지

2. 변화의 시대, 20세기를 말하다
(A History of the 20th century: Conflict, Technology & Rock'n'roll)
제러미 블랙(Jeremy Black) / 256쪽/ 역사>20세기 역사>사진이 수록된 역사 백과사전 /영어
Sirius(2021/02/15)

저명한 역사학자 제러미 블랙의 흥미진진한 20세기 역사 따라잡기
두 차례에 걸친 세계 대전에서부터 탈식민지화의 트라우마, 우주 경쟁 시대를 부른 기술 혁명의 승리까지 <A History of the 20th Century>는 사건, 인물, 이념, 격변의 시대의 문화적 변화와 드라마처럼 흥미진진한 정치를 기록한다. 풍성한 컬러 삽화, 자료가 함께 제공된다.

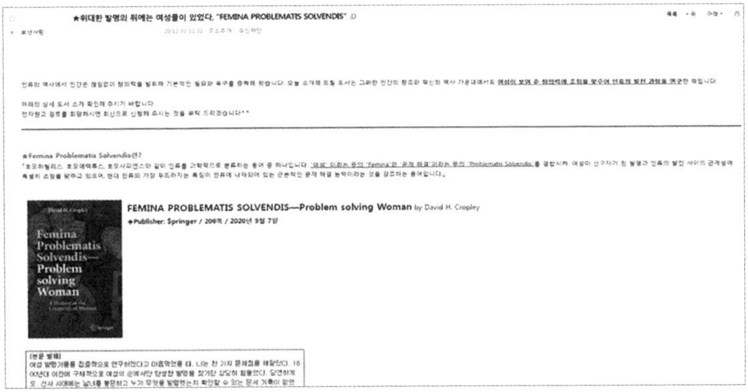

★위대한 발명의 뒤에는 여성들이 있었다, "FEMINA PROBLEMATIS SOLVENDIS"

★Femina Problematis Solvendis란?

FEMINA PROBLEMATIS SOLVENDIS—Problem solving Woman by David H. Cropley
◆Publisher: Springer / 206쪽 / 2020년 5월 7일

[본문 발췌]

에이전시 뉴스레터

에이전시 뉴스레터는 각 에이전시에 따라 다양한 방식을 취하고 있다. 한 권씩 보내오는 에이전시가 있는가 하면 정기적으로 여러 권의 책을 소개하는 곳도 있다. 또 외국 저작권사가 직접 보내오는 경우도 있다. 대부분의 에이전시는 전 세계를 대상으로 하지만, 어떤 에이전시는 특정 국가에 장점을 가진 경우도 많다. 어느 에이전시를 거래할 것인지는 외서 관련 업무의 경험이 쌓일수록 판단하고 결정할 수 있으니 조급하게 생각하지 않을 일이다.

완성도까지 결정하는 것은 아니다. 매우 알찬 뉴스레터가 나중에 보니 과대광고인 경우도 있고, 별 것 아닌 것처럼 넘어간 도서가 나중에 보니 보물인 경우도 있다. 그러니 에이전시가 보내오는 뉴스레터는 말 그대로 참고사항 이상이 아니라는 사실을 기억할 일이다.

저작권료는 얼마를 써야 할까?

외서를 계약할 때 가장 관심이 가는 항목은 당연히 선입금 저작권료를 얼마나 지불해야 하느냐다. 이 문제는 정말 어렵다. 누구도 정답을 말할 수 없으며, 심지어 저작권 에이전시 담당자도 잘 알지 못한다.

사실 저작권료라는 것은 팔린 부수에 대해 지불하는 것이기 때문에 선입금 저작권료를 많이 받는 것이 대단한 혜택도 아니다. 그런데 실제로는 선입금 저작권료가 매우 중요한 요인(어느 경우에는 결정적 요인)이 되는데, 이는 현실적으로 한국 내에서의 판매 자료를 정확히 파악할 수 없다는 이유에서다. 그러니 선입금 저작권료를 많이 받으면 받을수록 불확실성을 해소하고, 가시적인 수익을 확보할 수 있지 않겠는가.

다른 하나는 저작권에 따른 인세도 결정하게 되는데, 이는 대부분

부수에 따라 결정한다. 판매부수가 기본인 5천 부 내외일 경우에는 5~6%, 1만 부까지는 6~7%, 그 이상일 때는 7~8%에 결정되는 게 보통이다. 그러나 이 또한 천차만별이니 정확한 거래 내역은 에이전시와 상의하는 것이 좋다.

저작권 계약 대상 도서의 경우 크게 두 가지로 나눌 수 있다. 하나는 나 혼자만 출간을 의뢰한 경우다. 이런 경우는 선입금 저작권료를 얼마나 쓸 것인지 에이전시와 협의하면 된다. 대부분은 2천~3천 달러 사이에 결정되는데, 책의 성격에 따라 그보다 더 싸게도 가능하고 상대 출판사의 정책에 따라 그보다 비싸게 결정되기도 한다.

문제는 여러 출판사 간에 경쟁이 붙었을 때이다. 이런 경우 해외 출판사는 국내 에이전시를 통해 국내 출판사들에 대한 소개를 요청하기도 하는데, 이때 신생 출판사는 아무래도 손해를 볼 수 있음을 염두에 두고 적극적으로 소개할 필요가 있다. 출판사 소개가 중요한 까닭은, 그 책을 한국 시장에서 얼마나 판매할 수 있을까 판단하는 자료이기 때문이다.

해외 출판사의 경우 수차례에 걸쳐 입찰을 붙이는 비상식적인 짓을 일삼기도 한다. 수익을 극대화하는 행위이니 한두 번까지는 이해할 수 있다. 그러나 일부 해외 출판사는 서너 번 이상의 입찰을 요구하기도 한다. 그런 출판사의 책은 사실 한국 출판사들이 담합해서 거부하자고 주장하고 싶을 정도다. 그러나 혼자만의 힘으로는 안 되니 그저 포기할 수밖에 없다.

공동제작 co-production 방식 책은 어떻게 만드는가?

공동제작 방식 책은 저작권 양도 계약 대신 원 저작권사가 완제품 책을 만들어 공급하는 경우다. 대표적인 출판사가 영국에 본사를 둔 DKDorling Kindersley출판사인데, 이 출판사에서 출간하는 책들은 화보가 매우 뛰어나며 편집 구성 역시 탁월하다. 그러다 보니 여러 출판사에서 DK출판사의 책을 한국에서 출간하고 싶어 한다. 대부분의 경우 DK의 책을 내는 조건은 공동제작 방식인 경우가 많은데, 공동제작은 다음과 같은 방식으로 이루어진다.

① 원 저작물 파일을 한국 출판사에 제공
② 한국 출판사에서 원 저작물 번역 후 디자인 완료
③ 디자인 완료된 파일을 원 저작사에 전송
④ 원 저작사에서 원서와 동일한 품질로 제작 후 선적
⑤ 선적된 책을 입수 후 국내에서 판매
⑥ 책 판매가 완료된 경우 다시 원 저작사에 제작 의뢰
⑦ 원 저작사에서 제작 후 선적

공동제작비용은 당연히 국내에서 제작하는 비용보다 비싸다. 그래서 이런 방식으로 제작되어 들여오는 책은 책값이 비싸질 수밖에 없다. 이는 공동제작 출판물의 판매에 가장 큰 장애물이라고 할 수 있다. 한 가지 사례를 소개하고자 한다.

우리 출판사는 DK출판사의 탁월한 책 한 권을 소개받았다. 이에 즉시 그 출판사에 공동제작을 의뢰했고, 공동제작비를 통고받았다. 그런데 그 비용이 생각보다 무척 비쌌다. 그 가격으로 책을 제작하면 적어도 정가를 3만5천 원은 받아야 겨우 수지 타산이 맞을 듯했다. 이전에 출간한 그 책의 시리즈 역시 우리나라에서 3만8천 원 정도에 판매되고 있었다. 이는 영국에서 판매되는 같은 시리즈 도서보다도 정가가 비쌌고, 결국 한국에서의 판매실적도 좋지 않았다.

이에 필자는 장문의 글을 썼다. 한국 내의 유통 구조, 가격 결정 구조, 그리고 번역비, 디자인비 등 모든 비용에 대해 설명한 후 결국 우리는 이러한 이유로 출판을 포기할 수밖에 없다고 통지하였다. 영국 본사에서도 이해한다는 말과 함께 더 이상 일이 진척되지 않았다.

그 후 몇 달이 지나 영국 본사에서 새로운 가격 제안서가 도착했다. 그것을 받은 우리는 다시 계산에 들어갔고, 결국 2만8천 원이라는, 그 전에 출간된 같은 시리즈의 책보다 훨씬 저렴한 가격으로 출간할 수 있었고, 한 달 만에 초도 제작부수인 3천 부를 완판 하였다. 이로써 우리와 원 저작권사 모두 만족한 결과를 달성했다.

그러나 그 후가 문제였다. 이런 경우 국내에서 제작할 수 있다면 당연히 빨리 제작해서 추가 판매가 가능했을 텐데, 해외에서 공동제작을 해야 하는 까닭에 여러 나라의 제작 오더가 다 찰 때까지 기다렸다가 함께 진행을 하다 보니 기동성이 지나치게 떨어질 수밖에 없었다. 결국 2쇄는 책이 품절된 후 한 달 반 정도가 지나 입고되었고, 그때는 이미 책에 대한 독자들의 관심은 시들해진 상태였다.

이 사례는 공동제작이 갖는 어려움을 해결하는 방안부터, 그럼에도 겪을 수밖에 없는 난점 등을 보여주는 사례라 할 수 있다. 새로이 공동제작을 하려는 출판사들은 타산지석으로 삼기 바란다.

반드시 에이전시를 통해서 계약을 해야 할까?

해외 출판사의 경우 에이전시를 통하지 않고 도서목록을 전해오는 경우도 종종 있다. 또 해외에서 개최되는 도서전을 통해 해외 특정 출판사와 거래하는 경우도 있을 수 있다. 이런 경우에는 에이전시를 통하지 않고도 저작권 수입 계약을 할 수 있다.

그렇다면 이럴 때 에이전시를 통해서 하는 게 좋을까, 출판사와 직접 계약하는 게 좋을까?

이에 대해서는 정답이 있을 수 없다. 그러나 경험을 말하자면 가능하면 에이전시를 통해 하라고 권하고 싶다.

우선 저작권을 수입하는 경우에는 우리나라 출판사가 에이전시에 지불하는 비용이 그리 크지 않다. 또 저작권 계약을 직접 하는 경우에는 다양한 문제를 모두 상대 출판사와 직접 논의해야 한다. 이 논의 과정에서 껄끄러운 문제가 발생하면 서로가 난감하다.

반면에 에이전시를 통하면 이런 문제들을 에이전시에 부탁하면 된다. 에이전시는 이런 문제를 무수히 해결해 본 경험이 있으므로 출판사보다 훨씬 용이하게 풀어나갈 수 있다. 에이전시에 지불하는 비용은 이러한 문제를 해결하는 데 들어가는 기회비용보다 적다.

그리고 계약기간이 만료될 무렵까지 책의 판매가 잘 되고 있어서 재계약을 하고자 한다면 해당 에이전시를 통해 수월하게 처리할 수도 있다. 그러므로 특별한 경우가 아니라면 모든 저작권 수입의 경우 에이전시를 통해 할 것을 권한다.

저자의 세계

정보가 넘쳐나도 저자의 역할은 여전히 고유하다

출판사를 이끌어가는 삼두마차라면 누구를 꼽을 수 있을까? 일반적으로는 편집자, 저자, 마케터를 꼽을 것이다. 책마다 약간씩 다르지만 어떤 책은 편집자 덕에 뜨기도 하고, 또 어떤 책은 저자 덕분에 뜨기도 한다. 마케터는 출간된 책을 보급하는 일만 한다고 여기는 분이 많겠지만 뛰어난 마케터는 책의 기획부터 꾸밈, 제목까지 두루 영향력을 행사하기도 한다. 그래서 세 사람이 협업을 통해 한 권의 책을 역사에 기록한다고 보는 편이 맞을 것이다.

그 가운데 한 축인 저자에 대해 살펴보기로 하자.

오늘날은 독자보다 저자가 더 많을지도 모른다. 그만큼 책을 쓰는 일이 과거와는 비교도 할 수 없을 만큼 용이한 것이 사실이다. 이러한 움직임은 정보에 접근할 수 있는 방법이 그만큼 수월해졌다는 사실과 무관하지 않다. 과거에는 한 권의 책을 쓰기 위해서는 수많은 자료를 모은 후 자신만의 생각으로 정리하며, 그것을 바탕으로 한 줄 한 줄 기록해 나가야 했다. 그 과정에서 자신이 기록한 내용이 옳은지 그른지 확인하는 작업 역시 무척 어려웠다.

그렇지만 최근에는 어떠한가. 우선, 손가락만 움직이면 모든 자료가 순식간에 내게 들어온다. 그뿐이랴. 맞춤법, 띄어쓰기 따위는 컴퓨터가 다 알아서 해준다(물론 컴퓨터가 하는 것이 모두 옳은 것은 아니라는 사실을 명심해야 한다. 컴퓨터의 능력을 맹신해서 그대로 책을 출간하는 저자, 출판사가 있는 듯한데, 이는 말도 안 되는 일이다). 옳고 그름을 확인하는 작업도 예전과는 비교도 할 수 없을 만큼 쉽다.

게다가 스마트폰에 들어 있는 사진을 비롯한 그래픽 자료는 백과사전 한 질을 만들고도 남을 만큼 차고 넘친다. 그러니 누구나 책을 써서 저자가 되겠다는 의지를 불태운다.

그러나 역설적으로 말하면 저자가 되는 일이 그만큼 더 어려워진 것도 사실이다. 예전 같으면 나만 알고 있는 정보를 이용해 책을 썼을 텐데, 이제는 그 정도 정보는 모르는 사람이 없을 정도가 되었다. 그러니 한 권의 책을 쓰기 위해서는 남들이 모르는 정보를 찾는 데 훨씬 더 많은 수고를 들여야 한다.

다른 하나는 너무 많은 정보가 유통되고 있다는 사실이다. 그 많은 정보가 모두 참되고 가치 있는 정보가 아님은 두말할 나위도 없다. 무차별적으로 쏟아져 나오는 정보를 접하다 보면 자신이 무척 많은 내용을 알고 있다고 착각하기 쉽다. 이러한 착각은 남의 정보를 읽고 배우기보다는, 자신이 알고 있다고 여기는 정보를 남에게 전달하겠다는 과욕으로 드러나기 쉽다. 이것이 독자보다 저자가 흔해진 이유일 것이다.

그렇지만 아무리 정보가 넘친다고 해도 뛰어난 저자는 영원히 사라지지 않는다. 왜냐하면 뛰어난 저자는 정보를 수집하는 사람이 아니라 정보를 해석하는 사람이기 때문이다. 정보를 해석하는 능력은 아무나 갖고 있는 것이 아니다. 누구나 볼 수 있는 정보가 눈앞에 펼쳐져 있어도 그 정보를 보고 거기서 무엇을 추출해내는가는 사람마다 매우 다르다.

만일 뛰어난 저자가 되고자 한다면 정보를 읽는 능력, 수집하는 능력을 발휘하기 전에 정보를 해석하는 능력을 갖추시기 바란다. 물론 그러한 능력은 하루아침에 형성되지 않는다. 오랜 시간에 걸친 공부와 독서, 사색, 그리고 타고난 재능을 절차탁마해야 비로소 가능한 일이다.

그래서 여기에 사족 하나를 붙인다면 자신의 책꽂이에 1천 권 이상의 책이 꽂혀 있지 않은 분이라면 저자가 되고자 하는 만용, 출판인이 되고자 하는 만용을 부리지 마시기 바란다. 도대체 자신도 책 대신 넷플릭스와 유튜브, 스마트폰에 매달리면서 책을 만든다는 것이 상식적인가? 다른 사람의 책도 읽지 않으면서 자신의 책을 쓴다는 것이 말이 되느냐 말이다. 다른 사람이 만든 돈가스도 먹어보지 않고 돈가스 장사를 하겠다는 것과 무엇이 다르단 말인가.

저자의 원고는 편집자를 만나 비로소 책이 된다

앞에서 편집자야말로 책을 출간하는 데 반드시 필요한 존재라고 한 바 있는데, 이는 다시 말하면 그 어떤 저자의 원고도 날것 그대로 출판할 수 없다는 말과 다름 아니다. 만일 저자가 완벽한 원고를 가져온다면 편집자가 왜 필요하겠는가. 그러나 그렇지 않다. 실제로는 우리말을 다루는 전문가들의 원고도 그대로 출간하기는 힘들다. 하물며 비전공 저자들의 원고야 두말할 나위가 없다.

저자들의 원고가 편집자의 손을 거쳐야 하는 까닭은 크게 두 가지로 나눌 수 있다.

하나는 우리말 표기법이 워낙 어렵기 때문이다. 우리말은 생각보다 어렵다. 그래서 출판사들은 자사自社 나름대로의 원칙을 설정하고 그에 따라 책을 출간한다. 맞춤법이야 출판사 나름대로 결정할 수 없으니, 모르는 것은 찾고 열심히 공부해서 틀리지 않도록 하는 것 외에 왕도는 없다. 우리말에서 가장 어렵다는 띄어쓰기는 어느 정도 융통성을 발휘할 수 있게 되어 있다. 그래서 출판사마다 자신들의 기준을 설정하고 그에 따라 교정을 본다.

다른 하나는 대부분 저자들의 원고가 교열校閱을 필요로 하기 때문이다. 교열은 교정과 달리 '문서나 원고의 내용 가운데 잘못된 것을 바로잡아 고치며 검열함'이라는 의미다. 즉 내용을 고친다는 사실이 단순히 맞춤법이나 띄어쓰기 따위를 고치는 교정과 다르다.

처음 책을 편집하는 사람들은 저자들의 글을 고친다는 사실에 부담감을 갖는 게 사실이다. '여러 권의 책을 출간하고 박사학위를 가진 분의 글을 고쳐도 되나?' 이런 생각으로 말이다. 그러나 경력이 쌓이고 경험을 하다 보면 아무리 유명한 필자라 하더라도 틀린 부분이 생각보다 많다는 사실을 깨닫게 된다. 그런 내용을 찾아내 저자에게 알리고, 저자를 설득하는 것이 편집에서 중요한 하나의 과정이다. 어찌 보면 좋은 저자란 좋은 편집자를 만나 함께 하나의 작품을 빚는 동반자 관계라는 생각이다.

좋은 저자를 만나는 것은 복이다

현실적으로 말한다면 좋은 저자를 만나는 것은 출판을 하는 사람들에게 있어 무한한 복이다.

수많은 저자를 만나보았지만 참 좋은 저자는 그리 흔치 않기 때문이다. 기존 출판사에서 근무하는 편집자들 가운데 그런 저자를 여러 명 알고 있다면 그야말로 복 받은 사람이라고 할 수 있다.

그렇다면 다양한 저자들을 만날 때 우리는 어떤 자세로 만나야 할까?

첫째, 가장 중요한 요소는 역시 돈이다.

일반인들이 착각하는 것 가운데 하나가 공부하고 글을 쓰며 특정 분야에서 전문가가 된 저자들은 우리와는 조금 달리 우아한 삶을 사는 분들이니, 돈보다는 다른 요인을 중시할 것이라고 믿는다. 그러나 그렇지 않다. 대다수, 그러니까 90% 이상의 저자들에게 있어서 가장 중요한 요인은 돈이다. 그러니까 절대 그런 면에서 착각하지 말아야 한다.

사실 이는 착각하는 사람의 잘못이라고 할 수 있다. 모든 거래가 돈으로 이루어지는 자본주의 사회에서 돈 거래를 정확히 하지 않는다면 그건 정확히 하지 않은 사람의 잘못이지, 그 기준을 들이댄 사람의 잘못이 아니기 때문이다. 그러니까 돈만 정확하게 정산하면 된다는 말이 아니라, 기본적으로 정확한 거래의 출발점이 돈이라는 말이다. 돈만 정확히 거래하면 다른 오해는 충분히 해결할 수 있다. 반면에 돈 거래가 정확하지 않으면 다른 문제들에 있어서도 불필요한 오해가 발생할 수 있다. 처음으로 출판을 시작하는 분들에게 꼭 전하고 싶은 말이다.

둘째, 저자에게서 출판사에 대한 충성을 기대하지 말 일이다.

태어날 때부터 유명한 저자는 거의 없다. 아예 없다고 말하고 싶으나 어느 날 갑자기 TV 프로그램을 통해 유명 저자가 된 이들이 있기 때문에 '거의 없다'고 표현한 것이다. 그렇다면 대부분의 저자는 무명 시절이 있었다는 말인데, 지금의 유명 저자도 그 전에는 어느 출판사에선가 무명의 저자 시절이 있었다는 말이 된다.

그런데 그 저자의 책이 많이 팔려도 문제, 썩 팔리지 않아도 문제는 시작된다. 그 책이 많이 팔리면 돈 많은 출판사부터, 연줄을 가진 출판사 사장, 나아가 집요함으로 똘똘 뭉친 편집자에 이르기까지 무수히 많은 곳에서 그 저자에게 접근한다. 그러다 보니 어떤 출판사는 저자 연락처를 물어오는 경우 가르쳐 주지 않는 경우도 많다. 그런다고 그 저자에게 접근이 불가능하겠는가? 어차피 눈앞에 다양한 이익이 보이면 저자는 흔들리기 마련이다. 처음에 출간한 출판사가 작은 곳이면 큰 출판사에서 출간해서 더욱 이름을 날리겠다는 마음을 갖는 것도 당연하다. 게다가 이른바 베스트셀러를 출간해 본 출판사들은 팔리는 책이 갖추어야 할 기획 의도를 잘 구현할 수 있다. 그런 내용을 가지고 접근하는 출판사의 호의를 거절하는 것은 불가능에 가깝다.

이러한 출판 현실은 여러분이 한 시대를 풍미한 저자들의 이름을 검색만 해 보아도 알 수 있다. 극히 일부의 저자를 제외한다면 대부분의 저자들이 다양한 출판사에서 책을 출간한 것을 알 수 있을 것이다.

그렇다면 책이 팔리지 않는 경우는 어떠할까? 이때는 별 문제가 발생할 것 같지 않지만 절대 그렇지 않다. 먼저 그 저자가 잠재력이 없는 경우라면 간단하다. 출판사와 저자가 극단적인 선인善人이라면 "저희 출판사가 능력이 부족해서 책이 안 팔렸습니다. 죄송합니다." "아닙니다. 제가 되지도 않는 원고로 책을 출간해서 출판사에 큰 폐를 끼쳤습니다. 죄송합니다." 하고 서로 웃으며 헤어진다.

반면에 둘이 극단적인 악인惡人이라면 '어디서 형편없는 원고 가지고 와서 잘 팔겠다고 큰소리 떵떵 치더니 5백 부도 못 팔았네. 약장수에게 농락당했어.' '이 놀라운 원고를 가져다주었더니 만 부도 못 팔아? 역시 원고가 아무리 좋아도 출판사가 형편없으면 안 되는구나.' 하고 뒤도 안 돌아보고 헤어질 것이다.

현실적으로는 양 극단 사이 어디에선가 적당한 타협이 이루어지고 문제가 종결될 것이다.

진짜 문제는 잠재력이 있는 저자의 경우다. 책이 출간된 후 팔리지 않았으므로 출판사도 그 저자에 대해 미련을 갖지 않는다. 저자 또한 특별한 경우가 아니라면 별 생각을 하지 않는다. 그런데 어느 출판사의 눈 밝은 편집자가 그 저자의 잠재력을 파악했다면 문제가 달라진다. 그 편집자는 잘 쓰인 기획안을 가지고 저자에게 접근한다. 그런 제안을 거절할 저자는 세상에 없다. 그렇게 해서 그 저자의 책이 다른 출판사에서 출판되어 세간의 관심이 집중됐다고 치자. 그럼 어떻겠는가. 원래 책을 출간한 출판사는 새 출판사의 기획력을 인정하기는커녕 저자를 향해 비난을 늘어놓는다. "우리가 발굴해서 키워줬더니 배신을 하다니!"

그래서 출판사는 저자를 발굴하는 것도 중요하지만 기획력을 갖춘 편집인을 보유하는 것이 무엇보다 중요하다. 그 어떤 저자라도 자신의 잠재력을 파악하고 새로운 기획안을 제공해 자신의 능력을 극대화해주는 출판사를 마다할 까닭이 없다. 그러니 결코 저자를 탓하지 말 일이다.

셋째, 저자는 성인군자가 아니다.

우스갯소리 가운데 하나가 길에서 노점상 하는 할머니들이야말로 물건 사주는 순진한 사람들보다 한 수 위라는 말이 있다. 우리가 알게 모르게 가지고 있는 편견에 관한 것인데, 저자에 대한 선입견 또한 마찬가지다.

많은 사람들이 책만 보고 저자를 판단한다. 돈 많이 버는 방법에 관한 책을 쓴 사람은 돈이 많을 것이라고 여기고, 관상에 관한 책을 쓴 사람은 관상을 잘 볼 것이라고 여긴다. 역사 관련 도서를 쓴 사람은 역사에 정통한 사람이며, 삶의 지혜에 관한 자기계발서를 쓴 사람은 깊은 지혜의 소유자일 것이라고 믿는다.

그러나 천여 종의 책을 출간하고 얻은 결론은 그렇지 않다. 돈 많이 버는 방법을 쓴 사람은 그 책을 통해 돈을 많이 벌고 싶은 경우가 훨씬 많다. 관상에 관한 책을 쓴 사람 역시 유명해져 관상을 잘 보는 사람이라는 평판이 나기를 기대하는 것이다.

저자는 성인군자가 아니다. 저자들도 우리와 똑같이 잘난 체하기 좋아하고 시기하고 질투하며, 남 속이기도 하고 자신이 빌려준 돈은 절대 잊지 않는 대신 자기가 빌린 돈은 쉽게 잊기도 하는 평범한 사람들이다.

저자와 출판사 사이에 발생하는 대부분의 문제는 저자가 출판사를 오해하거나 출판사가 저자를 오해하는 데서 비롯된다. 저자는 "출판사 하는 사람들이라면 다른 사업을 하는 사람들과는 달리 지성인일 거야." 출판사는 "글을 쓰는 사람이라면 아무래도 성인군자에 가깝지 않을까?" 이렇게 말이다. 저자를 대할 때 이런 편견만 갖지 않는다면 절대 저자와 갈등이 생기지 않는다.

진정한 저자 관리의 첫걸음은 정확한 판매 현황 보고이다

기본으로부터 신뢰가 싹튼다

여러분은 저자 관리라고 하면 어떤 내용이 떠오르는가? 혹시 명절날이 되면 잊지 않고 선물을 보낸다거나 관혼상제를 맞아 열심히 찾아가는 것을 생각하시는가? 그렇지 않다면 함께 술 마시고 밥 먹는 것을 떠올리는가? 그런 것도 중요할 것이다.

그러나 무엇보다 중요한 것은 책의 판매 상태를 성실히, 거짓 없이 보고하는 것이다. 역지사지易地思之다. 출판사를 운영하는 분들에게 가장 중요한 일은 두말할 것도 없이 내가 출간한 책이 얼마나 팔리는가이다. 저자들도 역시 자신이 집필한 책이 얼마나 독자들로부터 선택을 받는가가 초미의 관심사일 것이다.

그런데 많은 출판사에서 그 내용을 제대로 보고하지 않는다. 물론 매일, 아니면 매주, 아니면 매달 보고하라는 것이 아니다. 그렇게 하다가는 출판사가 책을 만드는 일보다 저자에게 보고하는 일에만 매달려야 할 것이다. 왜냐하면 일정한 기간 동안 성실히 출판에 종사한 출판사라면 적어도 백 종이 넘는 책을 관리하고 있을 테니까 말이다. 그렇다면 백 명의 저자에게 해당 책의 판매 현황을 자주 보고해야 할 텐데, 그건 과도한 업무량이다. 그렇다면 무엇을 보고하라는 것일까?

가장 기본은 저자의 책을 다시 찍을 경우 반드시 보고하는 것이다. 그 부수가 100부가 되었건 1천 부가 되었건 다시 찍을 때 보고하는 것은 기본이다. 그런데 이 기본을 지키지 않는 출판사가 생각보다 많은 듯해서 언급한다.

책을 다시 찍으면 첫째, 기존에 지급한 인세를 넘어선 인세를 지급해야 하는 의무가 발생한다. 둘째, 처음 찍을 때 찾아내지 못한 오류나 수정 사항에 대해 저자에게 알리고 고치도록 하는 것이다.

책의 저자로서는 이 두 가지보다 중요한 것이 없다. 내가 쓴 책의 저작권에 대한 정당한 대가를 받는 것, 그리고 자신의 책 내용을 손보는 것.

그런데 이 두 가지를 소홀히 하는 출판사가 있다면 저자에게서 신뢰를 받지 못해도 할 말이 없다. 저자도 자신의 책이 어떻게 판매되는지 궁금해 하는 것은 당연하다. 이것을 비난해서는 안 된다. 초판에 책을 얼마나 찍었고, 그에 따른 인세를 어떻게 지불했으며, 재판을 찍을 때는 몇 부를 언제 찍었고, 그에 따른 인세를 어떻게 지불하겠다는 내용 정도는 반드시 보고해야 한다. 그럼 저자 세계에서 그 출판사에 대한 신뢰도가 알게 모르게 형성된다. 절대 저자를 속이려고 하지 말 일이다.

책 판매 수익에서 저자의 몫은 적절한가?

앞서 살펴본 것처럼 출판사 운영자들이 "왜 서점이 가져가는 몫이 이렇게 크지?" 하고 불평을 늘어놓는 것처럼, 저자들 가운데는 "왜 이렇게 출판사가 가져가는 몫이 크지?" 하고 불만을 가진 분도 있다. 왜 그럴까?

정가 1만 원짜리 책의 경우 일반적으로 저자 인세는 10% 내외다. 그럼 저자 입장에서는 1만 원의 수입 가운데 고작 1천 원만 내 몫이라니! 하고 생각할 가능성이 무척 높다.

그러나 실제는 어떠한가? 정가 1만 원짜리 책 가운데 출판사로 돌아오는 몫은 고작해야 6천 원가량이다. 6천 원의 수익에서 1천 원을 저자 인세로 지불해야 하는 것이다. 그럼 저자 인세는 명목상 10%지만 실제로는 1/6, 즉 16.7%다. 앞서 살펴본 것처럼 출판사 수익이 20% 내외인 데 비해 저자의 몫은 16.7%인 셈이다. 결국 저자와 출판사는 비슷한 몫을 배당받는 셈이다. 그뿐이 아니다. 그렇게 나간 책 가운데 팔리지 않아 훗날 반품으로 돌아오는 책의 인세도 이미 저자에게 지불한 상태다. 그러니 어쩌면 저자 몫이 더 클 수도 있다.

그런데 이러한 구체적인 내용을 잘 모르는 저자들로서는 불만을 가질 수도 있다. 그래서 어떤 저자는 자신이 직접 출판사를 세우기도 한다. 해 보면 그때 '아, 현실은 그런 게 아니었구나.' 하고 뒤늦게 깨닫게 되기도 한다.

출판사를 운영하는 데 들어가는 경상비 구조와 홍보마케팅비,

반품 폐기로 인한 유무형의 손실 등에 대해서 저자의 입장에서는 알기 어려웠기에 직접 출판사를 운영하는 과정에 이르러서야 뒤늦게 판단 실수를 인정하게 된 셈이다.

출판사를 운영하는 분이 이런 내용을 숙지하고 있다면 혹시라도 저자와 오해가 발생했을 때 문제를 해결하는 실마리가 될 수도 있을 것이다.

저자 발굴의 비법이 있을까?

그렇다면 출판의 출발점이라고 해도 지나치지 않을 저자 발굴에 무슨 비법이라도 있을까?

분명 있을 것이다. 좋은 저자를 잘 발굴하는 출판사가 있으니 말이다. 그런데 그런 출판사에서 자신들만의 비법을 알려줄 리가 없다. 스스로 찾아야 할 것이다.

다음에는 일반적으로 저자를 발굴할 수 있는 방안을 열거해 보겠다. 우리 속담에 '노느니 염불한다'라는 말이 있지 않은가. 그러니 안 해보신 분은 한 번 해보시기 바란다.

온갖 간행물 읽기

출판계에서 잔뼈가 굵은 기획편집자들이 놓치지 않는 것이 바로 온갖 간행물을 읽는 일이다. 간행물이라면 일반적으로 정기간행물을 가리키는데, 매일 나오는 신문부터 주간지, 월간지, 나아가 특별한 기관에서 간행하는 간행물에 이르기까지 온갖 간행물을 포함한다.

대부분의 간행물이 이미 몇 권의 책을 출간한 저자들을 섭외하지만 그렇지 않은 경우도 많다. 그러니 기회가 닿는 대로 열심히 간행물을 읽는 것은 저자 발굴의 첫걸음이 될 것이다.

관심 분야의 석·박사 논문 검토하기

역사 분야를 전문적으로 다루는 출판사라면 역사 분야의 석·박사 논문을 검토하는 것은 기본이다. 교육 분야라면 당연히 교육 분야 석·박사 논문을 검토해야 할 것이고, 지리학 분야의 도서에 관심을 기울이는 출판사라면 그 분야 석·박사 논문을 검토하는 것은 필수다.

해외 주요 도서 읽기

해외에서 활동하는 저자를 발굴하기 위해서는 최근 간행된 해외 주요 도서를 읽는 노력이 큰 효과를 거둘 수 있다. 외서들을 보면 대부분 도서들이 엄청난 양의 참고문헌 목록을 수록하고 있다. 따라서 책을 읽다 특별히 관심이 가는 대목이 있으면 그에 관한 도서 목록을 쉽게 수집할 수 있다. 그러한 도서 목록을 통해 관심 분야의 해외 저자를 발굴하는 것은 매우 효과적이다.

기존 저자 활용하기

기존에 우리 출판사와 좋은 관계를 맺고 있는 저자를 통해 새로운 저자를 소개받는 방식은 매우 효과적인 저자 발굴 방법이다. 그러나 기존에 안면이 있는 저자에게 "좋은 저자 좀 소개해 주세요." 하는 것은 좋은 방법이 아니다. 경험상 그럴 때는 대부분 별로 좋지 않은 원고를 가지고 출판을 모색하는 주위 사람을 소개하는 경우가 많기 때문이다.

그럼 어떻게 기존 저자를 활용할 것인가?

"우리 출판사에서 이러이러한 내용으로 이런 사람을 대상으로 한 책을 기획하고 있거든요. 그런 책을 잘 쓸 수 있는 분이 주위에 계신가요?"

이렇게 접근해야 한다. 그럼 관련 학계에 종사하는 누가 그런 방면에 정통하다던가, 누가 그 분야에 관심을 가지고 있다던가 하는 정보를 얻을 수 있다.

그러니 결국에는 끊임없이 어떤 책을 출간할 것인지 기획하는 것이 필요하다고 할 것이다.

독자는 줄고
저자는
늘어난다

내게는 역작이지만
다른 사람들에게도 그럴까?

회사 메일함을 확인하다 보면 자주 눈에 띄는 것이 투고 원고다. 투고 원고의 숫자를 세 본 적은 없으나 하루에 보통 서너 편 투고 원고가 메일함에 담겨 있으니 1년에 대략 천 편이 넘는 것은 확실하다. 어느 날엔 두 자릿수 원고가 투고되기도 한다. 유명 출판사의 경우에는 이보다 훨씬 많을 것이다.

독창적인 원고는 정말 드물다

과거에는 자신의 원고를 출판하기 위해서는 어려운 과정을 겪어야 했다. 우선 출판사가 아니면 책을 출간할 수도 없었던 데다, 출판사도 많지 않아서 출판할 곳을 찾기도 어려웠다. 그뿐이랴.

출판사에 원고를 소개하기 위해서는 반드시 모든 원고를 직접 쓰고 복사해서 출판사로 보내야 했다. 그러다 보니 원고를 작성할 때부터 마음가짐이 남달랐다. 원고를 작성하고 투고하는 데 이르는 전 과정을 수행하는 것 자체가 쉽지 않았다.

그러나 요즘은 대부분의 원고를 컴퓨터로 작성한 후 메일로 투고한다. 원고를 복사해서 소포로 보내는 수고를 덜어낸 대신에 대다수 투고자들은 자신의 원고가 얼마나 뛰어난가에 대해 상세히 언급한다. 그뿐이 아니다. 경쟁도서에 대해서 상세히 분석한 후 차별점이 무엇인지에 대해서도 지적하는 등 매우 힘을 기울인다.

그런데 출판사에서 원고를 검토하는 사람들의 일반적인 판단도 그러할지 생각해 본 적이 있을까? 출판사에서 원고를 검토하다 보면 이 원고와 저 원고의 차이를 구별하지 못하는 경우가 대다수다. 또 투고하는 분들은 분명 독창적으로 썼다고 주장하지만 비슷한 원고를 수도 없이 접하기도 한다. 가령 여행 서적이 인기를 끈다고 하면 가족 세계일주 원고가 하루가 멀다 하고 투고된다. 유럽 여행기, 이탈리아 여행기는 두말할 필요도 없다.

교육에 관한 원고는 또 어떤가? 과장해서 말한다면 우리나라에서 육아하는 어머니들은 모두 자신만의 육아법을 가지고 있는 것이 아닐까 싶을 정도다.

금융기관에서 근무하다 은퇴하신 분들은 금융 관련 지식 원고를, 자영업 경험이 있는 분들은 자신의 사업 경험을, 외국어 좀 하시는 분들은 자신만의 외국어 학습 경험을 다른 사람들과 나누기 위해 원고를 작성해서 보내온다. 그러나 실상은 수많은 사람들이 비슷한 내용을 기록하고 있다는 사실을 아는 것이 중요하다.

책을 쓰는 일은 결코 쉽지 않다

자신만의 책을 쓴다는 것은 쉬운 일이 아니다. 더욱이 자신의 경험을 개인적으로 기록하고 글로 남기는 작업이 아니라, 많은 시민들에게 유용한 책을 쓴다는 것은 더욱 어려운 일이다. 그러한 일은 경험만으로는 안 되고, 의지만으로도 쉽게 달성할 수 있는 일이 아니다.

그러니 한 권의 책을 개인적 수준에서 출간하는 것이 아니라, 세상에 선보이고 다른 사람들과 공유하고자 한다면 사전에 많은 준비를 하여야 한다. 다른 사람이 쓴 책을 지금보다 훨씬 많이 읽고 많이 연구하며 많이 써보아야 한다.

그럼에도 오늘날 너무 많은 사람들이 너무 쉽게 한 권의 책을 내고자 한다. 여기에는 여러 이유가 있다.

우선 정보가 워낙 많다. 그러다 보니 자신이 모은 정보만 가지고도 한 권의 책이 될 거라는 착각을 한다. 다시 말하지만 정보를 모아놓았다고 한 권의 책이 되는 건 아니다. 한 권의 책이 되기 위해서는 '정보 + 창의적 사고'가 필수다. 스페인 여행을 한 달 이상 하고 오면 스페인에 대해 정말 많은 걸 쓸 수 있다. 사진은 또 얼마나 많겠는가. 그것을 가지고 책을 만들어 이름을 날리고 싶은 욕구가 생기는 건 당연하다. 그러나 그런 사람이 한 사람이 아니라는 사실을 깨달아야 한다. 무수히 많은 사람이 그런 욕심을 가지고 있다. 그러니 그런 수준의 내용으로 책을 쓸 수 없다는 사실을 깨달아야 한다.

책에는 정보보다 더 중요한 것이 창의적 사고다. 정보는 부지런한 사람이라면 누구나 모을 수 있다. 그러나 창의적 사고는 아무나 할 수 없다.

제임스 조이스의 소설《율리시스》가 다루는 시기는 아일랜드의 수도 더블린에서의 단 하루다. 그런데도 그의 소설은 불후의 명작이 되었다. 반면에 스페인에 한 달, 아니 1년을 머무르고 여행하고 경험했어도 그저 그런 일기 수준의 글이 되는 것이 다반사다. 왜 그럴까? 창의적 사고가 결여되어 있기 때문이다. 창의적 사고는 하루아침에 형성되는 것이 아니다. 짧게는 수 년, 길게는 수십 년, 아니 평생에 걸쳐 노력해도 어려운 것이 창의적 사고다.

스페인이라는 나라의 역사적 전통, 스페인이라는 나라의 문화, 스페인어가 왜 무수히 많은 나라에서 쓰이고 있는지, 스페인어의 특징은 무엇인지, 스페인이라는 나라는 왜 포르투갈과 다르고 바로 옆의 프랑스와도 다른지, 같은 스페인인데 마드리드와 바르셀로나는 왜 앙숙인지, 카탈루냐 지방은 왜 오늘도 독립을 꿈꾸고 있는지 공부하지 않고 스페인 여행기를 쓰는 것은 한 시간짜리 동영상과 별반 다르지 않다.

또 요즘에는 여러 곳에서 글쓰기 교실도 열 뿐만 아니라, 누구나 저자가 될 수 있다는 강연도 흔하다. 그런 강연 듣고 나면 "나도 저자가 될 수 있어." 하고 자신감을 갖게 된다. 말도 안 되는 만용이다.

많은 사람이 글을 쓰는 사회는 바람직한 사회다. 그러나 그것이 누구나 책을 출간해도 된다는 말은 아니다. 모든 시민이 글을 쓰고 자신의 삶을 되돌아보는 것은 사회를 보다 깊고 넓게 확장시키는 귀한 일이지만, 그렇다고 누구나 저자가 될 수 있는 것은 아니다. 그렇게 수많은 사람이 자신의 삶을 반추하고 고민하다 보면 그 가운데 누군가는 다른 사람들에게 영향을 미칠 수 있는 한 권의 책을 쓸 수 있다. 그러나 그게 바로 '나'라는 생각을 쉽게 해서는 안 된다.

어쭙잖은 출판사들의 상술도 한 몫 한다. 인터넷만 열면 '책 출간해 드립니다.' 하는 광고가 무수히 많다. 그런 출판사들은 원고의 수준을 보지 않는다. 오직 돈만 가지고 오면 어떤 원고도 책으로 만들어준다. 그런 출판사에 가서 담당자를 만나면 "내 원고도 충분히 책이 될 수 있겠군." 하고 착각하게 된다.

아마추어와 프로페셔널의 차이

"아마추어와 프로페셔널의 차이가 무엇이라고 생각하는가?"
많은 사람들이 이 질문을 받으면 딱 부러지게 대답을 못한다. 이 간단한 사실을 알지 못하는 것이 안타까울 정도다. 아마추어와 프로페셔널의 차이는 간단하다. 아마추어는 자신을 위해 하는 사람이고, 프로페셔널은 타인을 위해 하는 사람이다.

자기를 위해 야구를 하는 사람은 아마추어 야구 선수고, 남을 위해 야구를 하는 사람은 프로다. 자기를 위해 그림을 그리는 사람은 아마추어이고, 남을 위해 그림을 그리는 사람은 프로다. 자기를 위해 노래하는 사람은 아마추어이고, 남을 위해 노래하는 사람은 프로다. 그래서 노래를 잘한다고 해서 프로 가수가 되는 것이 아니다. 노래를 부르기 싫을 때도 남이 원하면 노래를 최선을 다해서 하는 사람이 프로다.

저자도 마찬가지다. 내 글을 기록으로 남기고 싶으면 써서 남기면 된다. 그게 아마추어다. 그러나 프로 저자, 즉 책을 출간해서 서점에서 판매하고자 한다면 자기가 쓰고 싶은 것을 쓰는 것이 아니라 독자가 원하는 내용을 써야 한다. 그러니 자기가 알고, 자기가 경험하고, 자기가 쓸 수 있는 부분을 쓰고자 하는 사람은 그냥 기록해서 출력한 후 즐겁게 보관하면 된다.

반면에 프로 작가가 되려면 자기가 모르는 부분을 공부하고 자기가 경험하지 못한 것을 찾아 경험해야 하며, 자기가 쓸 수 없는 부분은 오랜 시간을 투자해서라도 배운 후에 써야 한다. 그리고 자신만의 글맵시도 갖추어야 한다. 단순히 우리말로 묘사한다고 프로의 글이 되는 것은 아니다. 자신만의 글맵시를 갖춘다는 것이 쉽겠는가? 수도 없이 쓰고 지우고 고치고 다시 써야 그런 글맵시가 나온다. 그래서 아마추어는 즐겁게 일하지만 프로는 고통스럽게 일한다.

투고 원고를 읽다 보면 아마추어의 글쓰기가 너무 많다. 자기가 아는 만큼, 자기가 경험한 만큼만 써서 그게 마치 대단한 것처럼 착각한다는 말이다.

다시 한 번 말씀드리지만 누구나 책을 쓸 수 있는 것이 아니다. 책을 쓰기 위해서는 적어도 그 분야에 대해 그 누구보다 오랫동안 공부하고, 그 누구보다 깊이 있는 사색의 시간을 가져야 한다. 그렇게 해도 마음에 드는 책 한 권 쓰기 힘들다. 아무리 세월이 좋아져서 한 달이면 뚝딱! 한 권의 책을 만들 수 있는 시대라고 해도 그렇게 책을 내면 안 된다.

책을 출간하는 일은 내 경험을 기록하는 것이 아니라 다른 사람, 사회에 영향을 미치는 일이다. 기록보다 더 중요한 것이 영향이라는 말이다. 기록은 누구나 해서 남기면 된다. 그러나 영향을 미치는 책을 쓰는 것은 전혀 다른 일이다.

정말 책을 내고 싶은 분이라면 한 권의 책에 내 삶 전부를 걸겠다는 다짐을 먼저 할 일이다.

원고를 투고할 때는 서로 예의를 지켜야 한다

투고 원고를 살펴보면 어떤 분은 매우 성실한 방법으로 투고하는 반면 어떤 분은 메일을 열어보기에도 기분이 상하도록 표현하고 있는 것을 보기도 한다.

성실한 방법은 상식적이기도 하다. 자신을 소개하고 왜 이 출판사에 투고하는지를 설명한다. 사실 이 점은 무척 중요한데,

자신의 원고를 출간하고자 하는 분들이라면 우선 그 원고에 걸맞은 출판사인지 최소한은 살펴보고 보내는 것이 기본일텐데, 그렇지 않은 경우가 거의 대부분이다. 자신의 원고가 돈을 많이 버는 법에 관한 것인데, 인문학 도서를 주로 출판하는 곳에 보내면 선택될 확률이 매우 낮을 수밖에 없는 것은 당연한 일이다. 반면에 여행 관련 원고를 여행서 전문 출판사에 보냈을 때에는 그래도 정확히 원고를 살펴볼 확률이 높다.

원고가 완성된 다음에 투고하는 것 또한 무척 중요하다. 간혹, 아니 자주 완성도 되지 않은 원고를 투고하는 이들을 볼 수 있는데, 이들의 주장은 출판사에서 원하는 방식이 있을 테니 그에 맞추어 완성하겠다는 것이다. 그러나 무슨 말을 하여도 채 완성도 되지 않은 일부 원고만을 투고한다는 것은 '당신들이 원하면 내 원고를 완성해 주겠다.'는 말로 읽힐 수밖에 없다. 원고를 투고할 때는 최소한의 교정을 보아서 보내는 것이 좋다. 원고를 작성하는 분들이 일반인이다 보니 맞춤법과 띄어쓰기에서 완벽을 기할 수는 없다. 하물며 국문과 교수님의 원고도 출판사 편집자의 손을 거치면 붉은색(원고를 수정할 때는 대부분 붉은색으로 고친다)으로 칠해지기 일쑤다. 그러니 일반인의 원고에서 완벽한 것을 요구하지 않지만 교정이 전혀 안 된, 즉 너무 많은 오류가 보이는 원고라면 이야기가 달라진다. 그건 저자의 성실성과 관련이 있다. 최소한 원고를 작성한 후 한두 번이라도 읽었다면 당연히 찾아낼 수 있는 오류를 그대로 보내는 분들이 의외로 많다. 그런 원고가 신뢰를 받기는 어렵다.

자신의 이력이나 경력, 능력을 과도하게 내세우는 분의 원고 또한 믿고 거른다. 물론 그런 분의 원고라면 한 번 더 보는 출판사도 있을 것이다. 그러나 저자의 과도한 홍보에 의지하는 출판사는 그리 흔치 않을 텐데, 예를 들면 이런 경우이다. 메일 제목에서부터 '백만 부가~', '가장 먼저 연락하는 출판사와 계약~', '세상이 깜짝 놀랄~' 같은 표현의 원고는 열어볼 필요가 없다는 것이 경험칙이다.

최근에는 원고를 출판할 수 있도록 컨설팅해 주는 업체나 온라인 카페들도 있는 듯하다. 그러다 보니 같은 방식, 같은 형식, 같은 내용으로 투고되는 원고가 적지 않다. 그러한 원고는 공통점을 갖는데, 예를 들면 책이 출간되면 이런저런 방식으로 홍보를 한다거나 몇 권의 책을 구입한다거나 하는 따위의 이야기다. 결론부터 말하자면 이런 내용을 장점으로 여겨 책을 출간하는 출판사는 극히 드물 것이라는 점이다. 적어도 좋은 내용의 책을 제대로 출간하여 독자에게 전하고자 하는 출판사라면 저자의 힘에 의지해 책을 팔겠다는 생각으로 책을 출간하지는 않는다. 괜찮은 출판사는 오직 책의 내용을 보고 판단할 따름이다. 만일 저자의 힘을 믿고(물론 이때 저자의 힘은 저자의 마케팅 활동이나 지원금 따위를 가리키지 저자의 텍스트 생산 능력을 가리키는 것은 아니다) 책의 출간 여부를 결정한다면 그 출판사는 자비출판(자신의 돈을 들여 책을 출간하는 일)을 사업으로 하는 출판사일 것이다.

저자가 되고 싶으십니까?

저자가 되고자 하는 이들을 위해 하고 싶은 말이 있다. 앞서 언급한 바와 같이 우리나라에는 최소한 수천, 수만 개의 출판사가 있다. 그 많은 출판사에 자신의 원고를 투고하는 일은 과거와 달리 무척 쉽다. 그래도 각 출판사의 메일 주소를 확인하고 그곳에 최소한의 인사말과 함께 원고에 대한 소개글 정도는 써서 투고하는 최소한의 노력은 필요하다. 그동안 수천여 통의 원고 투고 메일을 확인하면서 갖게 된 솔직한 생각이다.

조금만 알아보면 하루에 백 군데 출판사에 투고할 수 있을 것이다. 조금 더 열심히 하면 수백 군데 출판사에도 투고할 수 있다. 그런데 그 모든 곳에서 "귀하의 원고는 출간하기에 어울리지 않습니다."라고 하면 출간에 적합하지 않다고 보는 편이 맞다. 열 곳의 출판사가 못 알아볼 수는 있지만 백 곳의 출판사가 못 알아보기는 힘들기 때문이다. 그뿐이 아니다. 백 곳의 출판사가 못 알아보았다는 것은 단순히 출판사가 못 알아본 것이 아니라 100명의 독자가 읽고 흥미를 느끼지 못했다는 말이다. 그러니 그 원고는 분명 무언가 문제가 있을 것이다. 그럼에도 많은 저자들은 이러한 사실을 받아들이지 않는다.

"해리포터 시리즈를 쓴 조엔 롤링도 처음에는 모든 출판사에서 출간을 거절당하지 않았소? 그런데 당신들이 내 놀라운 원고를 못 알아보는 게 왜 불가능하단 말이오?" 그렇지 않다. 조엔롤링은

해리포터 시리즈 원고를 두 곳의 문학 에이전시(영국의 경우에는 출판 업무를 대행해 주는 에이전시가 있다)에 보냈고, 그 가운데 한 곳이 원고를 여러 출판사에 보냈다. 물론 대형 출판사들은 모두 거절했지만 작은 출판사인 '블룸즈버리' 출판사에서 출간을 결정했다. 그러니 조엔 롤링이 우리나라에 태어났다면 유명 출판사는 아닐지라도 분명 어느 출판사에선가 당당히 인세를 지불하고 출간을 했을 것이다.

그리고 가능하면 자신의 돈을 내서 출간하는 자비 출판은 하지 않기를 바란다. 많은 독자에게 책을 보급하고자 하는 목적이라면 자신의 돈을 들여 책을 출간할 일은 아니다.

물론 자신의 돈으로 책을 출간해야 하는 경우가 없는 것은 아니다. 집안 어른의 책을 출간해서 후손들에게 전해준다거나, 문중에 전해오는 고문헌 같은 경우에는 상업성이 없어서 출판사에서 일반적인 방법으로는 출간하기가 어렵다. 물론 가치 있는 고문헌은 국가에서 보조해 주는 경우가 있지만 모든 문헌을 보조해 주지는 않는다. 그러니 뜻있는 후손들이 나서서 그런 고문헌을 출간해서 여러 기관(도서관을 비롯해서 연구기관과 후손 등)에 보급하는 일은 아름답다.

그러나 자비 출판을 하는 경우에는 그 책을 보급하는 데도 어려움을 겪게 된다. 대부분의 자비 출판사들은 책을 제작하는 과정에서 수익을 얻는 것이 주목적이지, 책을 판매해서 수익을 얻는 것이 주가 아니기 때문에 그 책을 많은 사람에게 보급하기 위해 힘을 기울이기 힘들다. 책 한 권 한 권의 정체성을 출판사가 형성한 것이 아니기 때문에 서점을 설득하기도 어렵다. 그러니 그런 경우에는 저자가 책을 보급하기 위해 많은 노력을 기울여야 한다. 자신의 책을 자신의 돈으로 만든 다음에 자신의 노력으로 보급하는 일이 어찌 합리적인가. 그런데도 많은 분들이 그렇게 저자가 된다. 그걸 보면 저자 또는 작가라는 명함을 갖는 것은 많은 분들에게 일종의 로망인 듯싶기도 하다.

아무나 저자가 될 수는 없다

오늘날 책을 출간하는 데 필요한 것은, 극단적으로 말하면 돈만 있으면 된다. 독자를 위해 책을 출간하는 출판사 외에 저자를 위해 책을 출간하는 출판사도 부지기수다. 한마디로 돈만 있으면 책을 출간하고 저자가 될 수 있다는 말이다. 우리 출판사도 그런 적 몇 번 있다. 출판사를 한다는 사실이 알려지면 참 많은 분들이 책을 출간해주기를 바란다. 물론 대부분은 거절하지만 도저히 거절할 수 없는 경우가 있기 마련이다. 그런 경우에는 어쩔 수 없이 독자보다는, 저자를 위한 책을 출간할 수밖에 없다. 물론 예전에도 돈만 있으면 책을 출간할 수 있었지만 오늘날과 달리 그 과정이 꽤나 까다로웠고, 돈도 많이 들었다. 그래서 누구나 저자가 되겠다는 엄두를 내지 못했다.

그렇지만 모든 것이 기계화된 오늘날에는 예전에 비해 훨씬 적은 비용으로 책을 출간할 수 있다. 그러니 온갖 사람들이 저자가 되는 세상이고, 온갖 내용이 책이라는 형태를 띠고 세상에 나온다. 출판사에 근무하다 보면 평생 단 한 권의 책을 출간하기 위해 공부하고 또 공부하는 많은 학자들을 접하게 된다. 반면에 오늘날 많은 사람들은 한 권의 책을 출간하는 일을 너무 쉽게 여기는 것이 아닌가 하는 생각을 지울 수 없다. 그러다 보니 서점에서도 신간 도서에 대해 과거와 같은 무게감으로 다가가지 않는 듯하다. 너무 많은 책이 쏟아져 나오다 보니 한 권의 신간에 대해 투여하는 관심이 그만큼 줄어드는 것이다. 이런 상황이 지속되다 보면 피치 못하게 악서惡書가 양서良書를 밀어낼 수도 있다.

편집자란 무엇인가?

출판의 미래를 여는 편집자

편집자란 무엇인가 묻는다면 답하는 사람에 따라 수많은 답이 나올 것이다. 오늘날 편집자는 과거, 그러니까 연탄난로 옆에서 붉은 펜을 들고 원고지와 씨름하던 시대의 편집자와는 천양지차天壤之差가 있다. 아직도 원고를 단순히 교정, 교열하는 그런 편집자를 떠올리는 대표들이 없는 것도 아니다. 그런가 하면 또 어떤 사장은 편집자가 자신을 대신해 출판사를 운영하는 사람이라고 여긴다. 이처럼 출판사에서 편집자의 역할을 바라보는 스펙트럼은 상당히 넓다.

"편집자야말로 책의 가치를 만들어가는 설계자이며, 출판사의 핵심이요, 미래이다."

그만큼 편집자는 중요하다. 읽는 책에서 보는 책으로, 독자의 요구를 파악하고 콘텐츠를 개발해야 하는 등 출판 트렌드가 급변하는 이 새로운 시대에 편집자의 역할에 대해 살펴보고자 한다. 출판 창업을 준비하고 있는 이들은 더더욱 편집자에 대한 이해가 필요하다. 편집자에 대한 이해 없이 책을 낸다는 것은 자신이 만들고자 하는 제품의 핵심을 모르는 것과 마찬가지이다. 그렇다면 새로운 시대의 편집자는 어떤 일을 해야 할까?

편집자가 갖추어야 할 5계명

첫째, 편집자의 처음과 끝이라고도 할 수 있는 것이 바로 기획력이다. 기획력이 없는 편집자는 AI가 눈앞에 다가온 시대에 퇴출 1순위라고 해도 지나친 말이 아니다. 기획력이라고 하면 대부분 사람들은 새로운 책을 기획하는 것이라고 여기기 쉽다. 이 말의 80%는 맞는 말이다. 그러나 기획력은 새로운 책을 기획하는 것 이상이다.

우선 시대의 흐름을 읽는 능력이다. 시대를 읽지 못하면 새로운 책을 기획할 수 없다. 이 시대의 독자들은 누구인가, 그들은 어떤 정보를 원하는가, 그들은 정보를 어떤 방식으로 습득하는가를 끊임없이 공부해야 한다. 최근 들어 새로운 독자들을 위해 새롭게 등장한 다양한 시리즈들은 모두 편집자들이 이룬 눈부신 성취들이다. 솔직히 말하자면 20세기에 출판을 하던 사람들 눈에 오늘날 인기를 끄는 다양한 형태의 시리즈 출판물들이 어떻게 보일지 의문이다. 그러나 그것이 시대의 흐름이다. 따라서 이러한 시대의 변화를 이끌지 못하는 출판사 또는 편집자는 뒤처질 수밖에 없다.

다음으로 기존 원고를 새롭게 창조하는 것 역시 기획력이다. 대부분 인간이 눈 두 개, 코 한 개, 입 한 개, 귀 두 개, 눈썹 두 개를 가지고 있지만 그들 가운데 똑같은 사람은 단 한 사람도 없다. 78억 명이 넘는 인류 가운데 말이다. 그렇게 같은 요소를 가지고도 전혀 새로운 책으로 재탄생시키는 것이 편집자의 기획력이다.

둘째, 저자 발굴이다.

저자를 발굴한다는 것은 과거에는 출판사 대표가 주로 하던 일이었다. 그러나 최근 들어서는 편집자가 담당하는 경우가 훨씬 늘었다. 출판사 대표가 다양한 연줄과 인맥으로 저자를 발굴하던 것은 과거에 출판을 하던 방식이다. 최근에는 보다 체계적으로 저자를 발굴하는 것이 일반적이다. 우리 출판사가 나아가야 할 방향, 그 방향에 걸맞은 콘텐츠의 기획, 그 콘텐츠를 생산할 수 있는 저자의 발굴이야말로 뛰어난 편집자의 특징이다.

물론 저자 발굴이 쉽지는 않다. 우선 저자를 설득할 만한 기획서 작성 실력과 저자의 전공 분야에 대한 대화가 가능한 실력이 겸비되어야 한다. 또 원만한 인간관계를 유지할 만한 인성도 필수다. 좋은 인간관계가 형성되지 못한 상태에서 거래가 이루어지기는 어려울 테니 말이다.

현실을 말하라고 한다면 필자가 경험해 본 견지에서는 출판사 운영자들보다 편집자들의 지적 수준이 훨씬 높다. 그리고 그런 지적 능력을 갖추지 못한 사람은 뛰어난 기획편집자로 성장하기 어렵다.

셋째, 책의 꾸밈에 대한 기획력이다.

이 역시 기획력의 일부분일 텐데, 최근 들어 책의 디자인이 워낙 창의적으로 변모하고 있기에 꾸밈의 기획력이 본격적으로 필요한 시대에 접어든 셈이다. 책의 꾸밈이란 단순히 표지를 어떻게 만들고 본문에 얼마나 그래픽 자료를 넣느냐 하는 수준에서 그치지 않는다. 원고 자체가 그래픽 자료를 포함하지 않은 경우, 필요하다면 새로운 그래픽 자료를 넣는 방식을 고민하는 것, 그 반대로 그림이 너무 많은 경우 그림을 줄이고 텍스트를 내세워 독자를 설득하는 방식을 선택하는 것도 책의 꾸밈에 대한 기획력이다. 책의 꾸밈에 대한 기획력은 영상시대의 도래, 새로운 독자의 탄생과 더불어 본격적으로 연구되어야 할 부분임이 분명하다.

넷째, 전통적인 의미에서의 교열 능력이다.

아무리 시대가 변했다 하더라도 글의 맵시를 다듬는 것은 편집자 고유의 능력이다. 번역서의 경우에는 더욱 그러하다. 안타깝게도 요즘 편집자들 가운데는 앞서 언급한 기획에만 치중한 나머지 교열 능력이 부족한 경우를 어렵지 않게 찾아볼 수 있다. 비문非文과

우리말 구조와는 다른 외국어 문법이 난무하는 번역서를 볼 때, 또 책으로 출간될 만한 글이라고 볼 수 없는 단편적인 내용의 나열로 이루어진 책들을 볼 때 번역자, 저자보다 편집자의 불성실함을 지적할 수밖에 없다. 편집자는 그런 원고를 수정하거나, 극단적인 경우에는 거절할 수 있는 권한을 가져야 한다. 물론 현실이 그러한 용기를 부여하기 힘들 것이다. 그렇더라도 최선을 다해서 설득해야 한다. 그렇지 않다면 편집자가 왜 필요한가.

교열 능력에는 제목, 중제목, 소제목을 붙이는 능력도 포함된다. 그뿐이랴. 긴 문장의 중간에서 행을 나누고, 잊혀가는 우리말 표현을 살려 쓰는 것도 편집자의 능력이다. 출판인이 노력하지 않으면 우리말 표현뿐 아니라 문법까지 사라지는 것은 시간문제일 수도 있다.

다섯째, 의사소통 능력이다.

의사소통 능력은 능력이라기보다는 '의지'라고 하는 편이 나을 수도 있다. 편집자는 저자 – 출판사 – 디자이너 – 마케터 – 독자로 연결되는 독서 연결고리를 책임지고 끌고 가는 직책이다. 따라서 이 구성원 모두와 의사소통을 원활히 하여 모든 이들의 의사와 능력을 도출하고 전달하는 중요한 역할을 해야 한다. 그런데 의외로 편집자 가운데는 의사소통 능력이 부족한 사람들이 많다. 편집자의 특성상 책을 좋아하는 사람들이 많은데, 대부분의 책을 좋아하는 사람들은 남과의 사교보다는 자신의 삶에 충직한 사람들이기 때문이다. 그럼에도 좋은 편집자가 되기 위해서는 의사소통 능력이 필수적이다. 편집자의 의사소통이 부족하면 저자와 디자이너, 저자와 마케터, 디자이너와 독자 사이의 다양한 연결고리가 끊길 가능성이 높기 때문이다.

제목과 표지의 최종 결정도 편집자의 몫

편집자가 해야 할 일 가운데 가장 핵심이 제목과 표지를 결정하는 것이다. 물론 이는 책의 핵심은 아니다. 그러나 서점에서 독자를 만나는 첫인상이다. 따라서 책의 정체성을 독자에게 전달한다는 의미에서 핵심이다. 물론 내용이 보잘것없는 책을 좋은 제목과 표지로 포장해서 팔기는 쉽지 않다. 그렇다고 해도 제목과 표지는 매우 중요하다. 제목과 표지를 결정하는 데에는 수많은 이론과 견해가 있을 수 있다. 아마 출판을 경험한 모든 사람들은 제각기 제목과 표지에 대한 자신만의 시각을 가지고 있을지 모른다. 그만큼 제목을 결정하고 표지를 만드는 일은 쉽지 않다. 그래도 참고할 만한 기준은 있을 것이다.

첫째, 책의 제목, 표지가 책의 본문과 같은 정체성을 유지해야 한다.

내용은 매우 쉽고 평이한데, 제목과 표지는 전문적인 내용을 담고 있는 듯 포장하면 처음에는 독자를 현혹할 수 있겠지만 결국 실패한다. 반대의 경우도 마찬가지다. 전문적인 내용을 담고 있는 책을 많은 독자에게 팔겠다는 욕심으로 대중적인 제목, 표지를 붙여도 성공하기는 힘들다.

둘째, 제목을 먼저 정하고 내용을 꾸민 책은 거의 성공한다.

이러한 말은 어찌 보면 어불성설이요, 사기처럼 들릴지도 모른다. 독자를 현혹할 제목부터 만든 후 그에 맞추어 내용을 꾸미다니! 그러나 잘 생각해 보면 전혀 그렇지 않다. 좋은 제목은 그 자체로 책의 정체성을 결정한다. 그러니 정체성이 제대로 확립된 책이 독자의 선택을 받을 것은 당연한 이치다.

개인적 경험 하나만 들겠다. 인류에게 필수적인 석유가 사실은 지구 환경 오염의 주범이자 미래 자원의 고갈을 가져올 문젯거리임을 청소년들에게 알리고 싶었다. 그런 고민을 하던 어느 날 갑자기 '석유가 뚝!'이라는 제목이 떠올랐다. 어느 날 석유가 뚝 끊긴다면 어떻게 될까? 그 제목이 떠오르자 즉시 아동 교양서 전문가에게 이 제목에 따른 책의 집필을 의뢰했고, 저자는 제목만 듣고도 무슨 내용의 책을 써야 할지 쉽게 이해하였다. 그 후 그 책은 상당한 판매량도 달성했을 뿐 아니라 다른 나라에 판권도 수출하였다. 후속작으로 《수돗물이 뚝!》, 《빙하가 뚝!》, 《햄버거가 뚝!》 같은 책도 출간하였다.

셋째, 표지를 디자인하기 전에 가장 먼저 해야 할 일은 표지 디자인 콘셉트를 잡는 일이다. 디자인 콘셉트를 제대로 잡아야 디자이너가 작업을 효율적이고 합리적으로 할 수 있다. 디자인은 맨땅에서 만드는 것이 아니다. 어찌 보면 디자인이야말로 밤하늘의 별처럼 다양하게 만들 수 있다. 그러니 "이건 경제서야. 그러니 그에 맞게 만들어 주세요." 하는 정도로는 결코 좋은 표지가 나올 수 없다. 디자인 콘셉트를 결정하는 것은 편집자여야 한다. 디자인을 디자이너 고유의 작업이라고 여기면 절대 안 된다.

물론 콘셉트를 결정하는 과정에서 마케터, 저자, 기획자, 디자이너와 두루 의견을 교환하는 것은 중요하다. 그러나 최종적으로 결정하는 것은 편집자여야 한다. 그러하기 때문에 앞서 편집자는 의사소통 능력을 갖추어야 한다고 언급한 것이다. 편집자가 의사소통을 통해 자신의 고집이 아니라 다양한 사람들의 시각을 포용해서 새로운 콘셉트를 창조하는 것과, 자신이 지레 결정한 내용을 합리화하는 방향으로 일을 처리하는 것 사이에는 큰 차이가 있다.

출판계를 주도하는 책의 파수꾼

유능한 편집자가 갖추어야 할 또 다른 능력은 오늘날 출판계를 주도하는 책의 모든 것을 파악하고 있어야 한다는 것이다. 뛰어난 편집자들과 이야기를 나누다 보면 오늘 현재 독자들의 주목을 받는 모든 책을 알고 있다는 사실에 놀라게 된다. 이런 이야기를 여기에 쓰면 아마 많은 편집자들이 "당연한 말을 하고 있군요."라고 할지도 모른다. 그러나 새로이 출판을 시작하는 분들이나 편집자로서 첫 출발을 하는 분들로서는 낯선 이야기일지도 모른다.

여하튼 뛰어난 기획편집자가 되기 위해서는 오늘날 인구에 회자되는 책에 대해서는 다 알고 있어야 한다. 그리고 그러한 능력은 당연히 새로운 기획을 할 때도 큰 자산이 될 뿐 아니라 잠재 저자를 만나 이야기를 나눌 때에도 매우 설득력을 갖게 된다.

편집자도 마케터다

마지막으로 편집자가 갖추어야 할 자질로 마케팅 마인드를 들 수 있다.

편집자와 마케터 사이가 어떤 관계를 유지하는가는 그 출판사의 미래를 결정할 수도 있는 중요한 요소다. 편집자는 자신의 기획만을 내세우고, 마케터는 책의 상업성만을 주장하며 다툰다면 출판사가 원활히 운영될 수가 없다. 편집자가 자신이 기획한 책의 정체성을 중요시한다면 마케터는 당연히 책의 판매에 주안점을 둘 수밖에 없다. 따라서 편집자와 마케터가 상대방의 태도를 이해하지 못한다면 책의 기획 단계부터 마지막 제작 단계까지 사사건건 충돌할 수밖에 없다.

그러하기에 유능한 편집자는 스스로 마케터로서의 마인드를 가지려고 노력한다. 책의 판매에 주안점을 둔다는 것은 자칫하면 잘 팔리는 책을 중시하고 안 팔리는 책을 경시한다는 말로 들을 수 있는데, 결코 그렇지 않다. 유능한 편집자가 마케터로서의 마인드를 가지는 것과 마찬가지로 유능한 마케터는 편집자로서의 마인드 또한 갖추고 있다. 따라서 지금은 안 팔리더라도 출판사의 미래를 위해 출간해야 하는 도서목록을 평가하는 정도의 안목은 갖추고 있다는 말이다. 결국 편집자와 마케터가 일정한 공동의식을 갖추고 일정한 능력을 공유할 때 그 출판사는 탄탄대로를 걸을 수 있다. 반면에 아무리 유능한 편집자, 유능한 마케터라도 상대방의 입장을 이해하지 못하면서 자신의 주장만을 고집한다면 그 출판사에서 출간하는 책의 진로는 덜컹거릴 수밖에 없다.

편집 체크 리스트와 진행 과정

단계	분류	주요 확인 내용
착수	저·역자	계약서 확인
		원고, 그림 확인
	편집 기획서 작성	출간 예정 시기 조율
초교	초교	조판 후 수정 최소화 위해 최대한 꼼꼼히 하기
		원본과 편집본 파일을 따로 저장
	본문 디자인 의뢰	디자인 의뢰서 작성은 상세하게
	저·역자 수정	초교 내용 수정은 꼭 확인 받기
재교	재교 수정	오탈자 최소화
		필요시 저·역자 확인
	제목 안 확정	최대한 많은 사람과 공유
	표지 디자인 의뢰	디자인 의뢰서 작성은 상세하게
삼교	삼교 수정	본문 및 부속, 차례, 약표제(도비라),쪽표제(하시라) 등 철저히 확인
추가 교정		필요시 진행
최종교		수정 대조, 최종 확인
		저자 최종 확인
	ISBN 신청	판권 확인
	제작발주서 작성	정가, 제작 부수, 지질 등 확인
	표지 확정	마케터를 포함하여 최대한 많은 사람의 의견 취합
	표지 문안 작성	표지, 표지 앞날개·뒷날개, 뒷표지 문안 작성
검판 (필름 또는 PDF)	본문	약표제, 배열표, 서체 등 CTP용 PDF 확인 시에는 더 꼼꼼하게 하기
	판권	제목, 발행일, ISBN, 저작권 표기 등
	표지	제목, ISBN, 정가 , 문안 등
제작	가제본	필요시 진행
	보도자료 작성	제작 상황, 입고일 및 언론사 배포 일정 확인
출간	증정	저자와 계약서 재확인
	언론사 납본 진행	보도자료 확인

출간 일정은 지키기 어렵다?

에이전시에서 보내오는 해외 출판사의 신간 뉴스레터를 보면 빠지지 않는 것이 출간 예정일이다. 한두 달 후부터 1년 이상 후까지, 향후 출간될 책의 출간 예정일이 기록되어 있다. 그런데 모든 책을 확인해 보지는 않았지만 얼추 예정일에 출간되는 듯하다.

출판을 하면서 놀라운 사실 가운데 하나가 바로 이것이었다. 해외 출판사들은 어떻게 몇 달 후, 1년 후 출간될 책의 목차와 표지, 본문, 출간 예정일까지 계획하고 있을까? 우리는 한 달 후에 출간할 책의 출간 예정일도 제대로 못 지키는데. 물론 특별한 책의 경우에는 반드시 출간 예정일을 지키겠지만 나머지 경우에는 최선을 다해 지키려고 하지만 계획보다 늦춰지는 경우가 다반사다. 왜 그럴까?

일본, 유럽 출판계에서는 저자의 '원고 마감일'은 아주 중요한 계약사항으로 포함될 만큼 반드시 지켜야 할 규정으로 여기고 있다. 반면 우리나라의 경우 '원고 마감일'은 하나의 형식에 불과하다는 느낌을 지울 수 없다. 빈번하게 지키지 않는 '원고 마감일'은 출간 일정에 차질을 불러 온다. 또 출판이라는 것이 다양한 사람, 즉 편집자, 디자이너, 특별한 경우에는 그림 작가, 그리고 다양한 제작처가 함께 일하는 것이라서 어느 한 곳에서 삐끗하는 경우 모든 출간 계획이 어그러지기 마련이다.

그렇다면 이런 어려운 상황에서 출간 일정은 꼭 지켜야 하는 것일까?

결론부터 말한다면 꼭 지켜야 한다. 우선 마케터(또는 회사 운영자)의 매출 목표라는 것이 있다. 단순히 매출 목표가 아니라 회사의 경제적 기반을 마련하는 문제다. 이번 달에 출간을 해야 매출이 일어날 것이고, 그래야 수금이 된다.

수금이 되어야 회사가 돌아갈 수 있다. 같은 달에서도 월초에 매출이 일어나느냐

월말에 일어나느냐에 따라 수금 계획에 변화가 생긴다.

그뿐이 아니다. 대부분의 제작처는 이번 달 제작비를 익월翌月에 청구한다. 따라서 제작을 언제 할 것인가도 회사의 경제적 부담과 관련이 있다.

서점으로서도 출판사의 출간 계획에 관심을 갖기 마련이다. 대부분의 도매상이나 대형 서점들은 특정 출판사를 집중적으로 관리하는 직원이 있기 마련이다. 그런데 그 출판사가 몇 달 동안 신간 출간을 하지 않다가 갑자기 몇 권의 신간을 밀어내면 관리하기가 어렵다. 따라서 서점도 출판사들이 일정한 간격을 두고 신간을 출간하기를 바란다.

그러나 이러한 당위에도 불구하고 출간 계획을 정확히 지키기란 매우 어렵다. 그래도 일정은 지켜야 한다. 출판사에서 “최선을 다해 빨리 출간한다.”라는 말은 “되는 대로 출간한다.”라는 말과 다르지 않다. 그렇게 해서는 절대 일정을 맞출 수 없다.

그래서 반드시 필요한 것이 출간 일정표다. 몇 월 며칠에 출간하기로 일정을 정한 다음 역산해서 모든 업무를 결정하고 진행해야 한다. 그럼 각각의 업무가 언제 끝나야 하고 얼마나 늦어지는지를 확인할 수 있다. 일이 늦어지면 무슨 수를 써서라도 진행해야 하는데, 그렇게 해도 출간 일정을 맞추기란 어렵다. 그런데 막연히 “최선을 다한다.”라는 말은 일정 관리를 하지 않겠다는 말과 다르지 않다.

새로운 시대 출판의 꽃, 디자인

디자인 없는 책은 없다

시간이 지날수록 출판에 있어서 디자인의 중요도는 커지고 있다. 읽는 책에서 보는 책으로 변화한다는 것은 디자인의 역할을 중시할 수밖에 없는 시대적 요구라고 하겠다.

과거의 책, 그러니까 지금부터 약 50년 전만 해도 대부분의 책은 글자로만 이루어졌다. 글자로만 이루어진 책은 당연히 색상을 필요로 하지 않았고, 따라서 흑백 책이 주류를 이루었다. 책의 형태도 신국판, 사륙배판 등 몇 가지 형태로 정형화 되어 있었다. 제본 형식 또한 마찬가지였다. 그러나 컬러텔레비전, 컬러 광고, 컬러 영화 등 컬러 시대가 도래 하면서 책도 컬러 시대를 맞이하게 되었다. 최근 들어서는 문학 분야를 제외하면 대부분의 책이 그래픽 자료와 컬러 디자인으로 이루어져 있다. 이러한 상황의 변화는 디자인이 출판에서 차지하는 비중을 키울 수밖에 없다. 최근 들어 책이라는 물성物性도 시대의 변화에 맞추어 다양화 하고 있다. 이러한 다양화는 세계 각 지역에서 열리는 도서전을 관람해 보면 알 수 있는데, 특히 중국의 책이 발전하는 모습은 놀랍다. 출판을 꿈꾸는 분들이라면 기획자건 편집자건 디자이너건 운영자건 꼭 참고할 일이다.

디자인은 논리다

디자인을 논할 때 가장 많이 하는 이야기가 무엇일까? 그건 취향이라는 단어다.

"이 표지 어때?"

"너무 칙칙한데요."

"나는 중후하고 좋은데."

"제목이 좀 컸으면 좋겠어요."

"제목이 너무 크면 영화광고 같아서 싸구려처럼 보여."

표지 디자인 회의를 하건 본문 디자인 회의를 하건 많은 사람들이 자신의 취향이나 선호하는 방식을 이야기한다. 그러다 보니 디자인은 이성이 아니라 감성의 영역이요, 취향을 드러내는 것이라 여기기 쉽다. 그러나 디자인은 그 무엇보다도 논리의 산물이어야 한다.

왜? 디자인은 책이 품고 있는 모든 것을 독자에게 효과적으로 전달하는 방식이기 때문이다. 효과라고 하는 것은 많은 학문 분야에서 논리의 귀결로 나타나는 것이지, 취향으로 나타나는 것이 아니다. 어떤 색상의 옷이 유행한다면 그건 그 시대가 그 색을 선택한 까닭이 있기 마련이다. 어떤 질감의 옷이 유행할 때에도 그 역시 그 시대가 그 질감을 선택했기 때문이다. 하물며 이성의 산물인 책을 드러내는 디자인이 개인적 취향에 의해 결정된다면 비합리적이지 않은가? 결국 디자인은 논리의 결과물이어야 한다. 그래야 그 책이 독자에게 효과적으로 다가갈 수 있는 것이다.

책에서 제목이 커야 할 때는 커야 할 이유가 있어야 하고, 현란한 색을 쓸 때는 그래야 할 까닭이 있어야 한다. 가독성이 떨어지는 서체를 써야 할 때는 그래야 할 이유가 있어야 하고, 한눈에도 알아볼 수 있는 서체를 쓸 때는 그래야 할 이유가 있어야 한다. 그러니 디자인 회의를 할 때 가장 금기시해야 할 단어가 바로 취향이다.

"나는 이게 좋은데."

이런 말은 해서는 안 된다.

"나는 이러이러한 이유로 이것이 좋다. 다만 이러한 이유로 이 부분은 수정되어야 한다고 믿는다."

이렇게 회의가 진행되어야 한다. 그러나 많은 분들이 디자인 회의를 할 때 이렇게 하지 않는다. 한해에 출간되는 책이 워낙 많기 때문에 일일이 사례를 들 수는 없다. 게다가 필자 역시 디자인을 전공한 사람이 아니기 때문에 전문적인 지식도 없다. 다만 디자인을 논할 때 개인적 취향을 이야기해서 좋은 결과가 나오는 경우를 거의 본 적이 없다. 반면에 논리적으로 접근하면 누구나 손쉽게 공감할 수 있다.

실례를 하나 든다면, 디자인 회의를 하다가 책 제목까지 변경한 경우도 있다. 디자인이 책의 정체성을 제대로 드러내지 못하는 까닭이 무엇인지를 고민하다가 보니, 제목이 책의 정체성을 드러내지 못하고 있다는 결론에 도달한 것이다. 그래서 이를 개선할 방법은 제목을 바꾸는 것이었다. 그렇게 해서 다 만든 책의 제목을 바꾸고 디자인을 바꾸어 출간한 끝에 상당한 성공을 거둔 적이 있다.

디자인은 경험하면 경험할수록 창의적인 행위다. 세상에 없는 디자인을 만들어낸다는 단순한 이유에서가 아니다. 디자인을 하다 보면 논리적 퍼즐을 하나하나 맞추어 나가게 되고, 그 결과 상상하지도 못한 디자인이 완성되는 것을 보면 참으로 황홀하다. 그런 디자인을 해야 한다.

디자이너도 회사 경영을 이해하고 있어야 한다

이 문제는 언급하기 조심스러운 부분이 있다. 그러나 출판을 처음 시작하는 분들이라면 반드시 알고 있어야 한다고 믿기에 언급한다.

디자이너들은 대부분 회사 경영, 즉 경제적 판단과는 거리를 두고 있다. 디자이너들은 "이 책의 정체성을 드러내기 위해서는 이런 종이를 써야 하고, 이런 형태로 책을 만들어야 합니다." 하고 제안한다.

그러나 그런 경우라도 디자이너들도 제작비에 대한 최소한의 시각은 가지고 있어야 한다.

가끔 터무니도 없이 비싼 종이에 매우 비효율적인 방식의 크기로 만든 책을 만날 때가 있다. 그렇게 만들면 당연히 제작비가 상승할 수밖에 없다. 그런 책이 탄생한 것이 반드시 디자이너의 권한과 책임 아래 이루어졌다고 단정 지을 수는 없다. 출판사 운영자 가운데는 "아무리 돈이 많이 들어도 가장 뛰어난 책을 만들어야 해."라는 철학을 가진 분도 있을 테니까.

그렇기 때문에 무엇이 정답이라고 말하는 것이 조심스러울 뿐 아니라 어떤 대안을 추천하기도 어렵다.

그러나 처음 출판을 시작하는 분들이라면 현실을 이해할 필요는 있다.

분명 좋은 종이에 뛰어난 디자인, 그리고 고급 형태의 책을 만들어야 할 때가 있다. 그러나 그렇게 되면 당연히 책 가격은 올라가게 된다. 책 가격이 올라가면 독자의 부담은 커진다. 독자가 기꺼이 부담하면서 수긍하는 책을 만드는 것은 출판사의 책임이기도 하다. 그러나 만에 하나, 독자가 "책값이 왜 이렇게 비싸?" 하는 생각을 한다면 그건 출판사가 잘못 판단한 거라고 말할 수 있다.

그렇기 때문에 디자이너들도 책의 제작에 소요되는 비용에 대해 필수적인 부분에 대해서는 파악하고 있어야 한다.

디자이너 선택,
비용을 우선할 것인가
실력을 우선할 것인가

초반에는 프리랜서 디자이너

처음 출판을 시작할 때 편집-디자인-마케터-관리부를 모두 갖추는 것은 쉬운 일이 아니다. 따라서 앞서도 언급한 바 있듯이 편집자를 구하고, 여력이 되면 마케터를 먼저 채용해야 하며, 그 다음으로 관리 인력, 마지막으로 디자인 인력을 채용하는 것이 일반적이다. 물론 특별히 디자인 분야에 특화된 출판사를 꿈꾸는 경우라면 사정이 다를 것이다. 일반적으로 출판사를 운영할 때 그렇다는 이야기다.

그렇다면 책의 디자인을 어떻게 할 것인가? 당연히 프리랜서 디자이너를 활용해야 한다. 요즘은 밖에서 디자인을 해주는 프리랜서 디자이너가 많다. 그러니 디자이너 없어서 책 못 만드는 것은 걱정하지 않아도 된다. 문제는 좋은 디자이너를 합리적인 비용으로 활용하느냐 하는 문제다.

우리 사회에 드리워져 있는 편견이 많지만 그 가운데 가장 심한 편견은 의사에 대한 것이라고 생각한다. 분명 의사들 사이에도 세계적인 의사가 있는가 하면 실력이 뒤떨어진 의사도 있을 것이다. 그런데 우리는 동네 의원을 찾을 때 모두가 같은 의사라고 여긴다. 내 생명과 건강을 맡기는 데 말이다. 많은 분들이 경험해 보셨겠지만 정말 의사 능력에는 현격한 차이가 존재한다. 그 사실을 모르고 사는 게 오히려 다행이다 싶을 정도다. 만일 그 사실을 안다면 누가 실력이 부족한 의사를 찾겠는가. 디자이너도 마찬가지다. 실력이 부족한 디자이너는 제작처에서 제작을 할 수 없을 정도로 심각한 수준의 결과물을 내놓는다. 물론 최고의 디자이너로 인정받는 이들도 대단히 많다.

출판을 꿈꾸는 사람들은 이런 사실을 염두에 두지 않고 어떤 디자이너에게 원고를 가져가더라도 자신이 원하는 최고의 책으로 만들어줄 것이라고 여긴다. 그러다 자신이 원하는 책이 나오지 않으면 그때 가서 불평불만을 털어놓는다. 마치 의료사고를 낸 병원 앞에서 1인 시위를 하듯.

비용과 실력, 그리고 성품

디자이너를 채용할 때 필요한 두 가지 기준은 비용과 실력이다. 그리고 이 두 가지 외에 다른 것은 성품이라고 할 수 있다. 사실 성품이 안 좋은 디자이너와 일하는 것은 고역이다. 디자인이라는 것이 홀로 하는 것이 아니라 저자-편집자-마케터, 나아가 제작처와 함께 일하는 것인데, 다른 사람을 무시한다거나 의사소통 능력이 부족한 고집불통이라면 참으로 힘들다. 그러나 성품을 정량화定量化할 수는 없으니 여기서는 비용과 실력만 살펴보기로 하자.

책을 만들 때 디자이너가 해야 할 일은 크게 내지 디자인과 표지 디자인으로 나눌 수 있다. 예전에는 내지 디자인과 표지 디자인 사이에 큰 차이가 있었다. 내지는 대부분 텍스트 위주인 반면 표지는 그래픽 중심이니 말이다. 그러나 최근 들어서는 웬만한 표지보다 더 그래픽이 중심이 되는 내지 디자인도 흔하다. 따라서 내지 디자인과 표지 디자인을 구분하는 것은 시대에 뒤떨어진 시각이라고 할 수 있다.

한편 최근 들어 컴퓨터 그래픽 성능의 향상으로 "나도 책 디자인 정도야 충분히 할 수 있어." 하는 만용을 부리는 사람들도 심심찮게 볼 수 있다. 출판사에 투고하는 분들 가운데도 자기가 표지 디자인까지 해서 보내오는 분들이 적지 않다. 그러나 결론부터 말하자면 터무니도 없는 일이다. 아마추어들은 디자인에 손대지 마실 일이다. 시간 낭비요, 원래 어쭙잖게 가공하는 것은 오히려 작업에 장애만 될 뿐이다.

디자인은 크게 '흔글' 디자인과 '인디자인' 체계로 나눌 수 있는데, 흔글 디자인은 대부분 대학 교재 또는 특수문자나 고어古語가 등장하는 전문서에 활용한다. 일반적인 교양서는 대부분 인디자인 프로그램을 이용해 디자인한다고 보면 틀리지 않을 것이다.

그런데 시중에는 인디자인으로 누구나 책 한 권 디자인할 수 있다는 교재들이 판매되고 있는데, 이런 것 참고만 하고 절대 본인이

하지 말아야 한다. 북 디자인, 그리 만만한 게 아니다.

디자이너 선택 기준

디자이너를 선정할 때는 비용을 우선할 것인가, 실력을 우선할 것인가부터 결정해야 한다. 비용이 저렴하면서 실력이 뛰어난 디자이너는 거의 없다. 가끔 있는데 이는 1년 내내, 아니 그 이상 기간 동안 일정 분량 이상의 디자인 물량을 지속적으로 맡기면서 결제도 깨끗하게 하는 경우 가능하다. 이때 일정 분량 이상이라면 한 달에 두 권 이상은 맡겨야 한다. 그러면 디자이너도 경제적인 고려 없이 열심히 일만 할 수 있는 환경이 조성되니까 비용 면에서 적당히 양보하는 것이다. 그렇지 않고 1년에 10권 미만을 만드는 경우에는 비용과 실력 가운데 하나를 선택해야 한다.

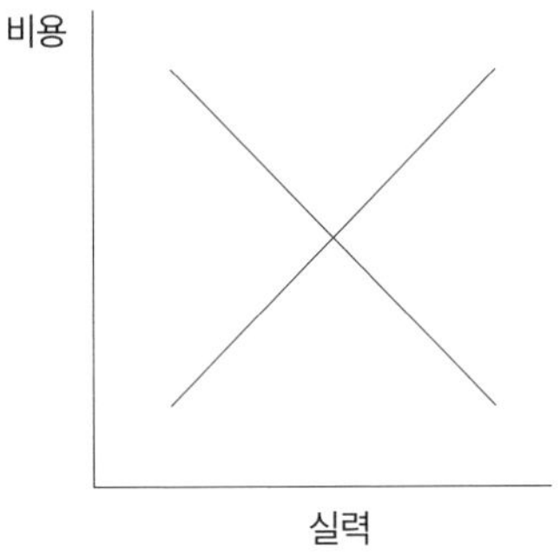

위 그래프에서 볼 수 있듯이 실력도 천차만별이고 비용도

천차만별이어서 수요공급곡선에서 적정한 가격을 선택하듯이 그렇게 하면 된다. 이때 비용은 당연히 정해져 있는 것은 아니고 난이도에 따라 다르다. 만일 처음부터 끝까지 오직 글만 있는 소설책 같은 경우에는 좋은 표지 디자인 가격이 본문 전체 디자인 가격보다 비쌀 것이다. 반면에 예술 관련 도서나 여행 관련 도서처럼 본문이 온갖 그래픽 자료와 박스 기사, 도표 등으로 구성되어 있다면 본문 디자인 가격이 천문학적으로 나올 수도 있다. 그러니 경제적으로 여력이 많지 않은 경우에는 책을 기획하기 전에 디자인 비용과 제작비용도 함께 고려하기를 바란다.

개략적으로 말하면 일반적인 도서(소설이나 시집은 아니고 적당한 그래픽 자료가 들어가는 컬러 도서의 경우)의 경우 300쪽짜리 신국판 책을 디자인한다면 다음 비용 정도가 필요할 것이다.

본문	페이지 당 10,000원
표지	100만 원~ 150만 원
계	**400만 원~ 450만 원**

그러나 이는 어디까지나 참고용이니 절대 기준으로 삼지는 마실 일이다. 이 정도 비용을 투자하면 대부분의 디자인 콘셉트까지 디자이너가 담당할 정도일 것이다. 반면에 편집자가 대부분의

디자인 콘셉트를 잡는 경우라면 이보다 훨씬 저렴하게도 디자인할 수 있다. 반대로 우리나라에서 내로라하는 디자이너의 경우에는 저 비용 가지고는 명함도 못 내밀지 모른다. 그러니 디자이너 비용이라는 것이 천차만별임을 알아야 한다.

여하튼 책 한 권 만드는 데 소요되는 디자인 비용이 상당함을 알 수 있다. 그래서 "이럴 바에야 디자이너 한 사람을 채용하는 게 낫겠다."라고 생각할 수도 있다. 그러나 출판사 설립 초기, 그러니까 일정한 수금이 이루어지고 한 달에 한 권 이상의 도서가 정기적으로 출간되기 전까지는 디자이너 채용은 권하고 싶지 않다. 내부에 디자이너가 있는 경우에도 책 한 권 디자인하는 데 소요되는 시간이 꽤 될 뿐 아니라, 내부 디자이너가 모든 책을 디자인할 만큼 소양을 갖추었느냐 하는 것도 문제다. 또 디자이너를 채용하면 디자인에 필요한 기기들(컴퓨터, 출력기)도 갖추어야 할 뿐 아니라 디자인 서체 및 프로그램도 구입해야 한다. 최근 들어 기술 발달로 인해 서체 및 프로그램 구입도 리스 개념으로 매달 또는 매년 비용이 지출해야 한다. 그러니 웬만한 규모가 되기 전까지는 외부 디자이너를 활용하라고 권하고 싶다.

책 제작 과정에서 반드시 알아야 하는 것은 무엇일까?

책의 물성은 제작에서 완성된다

앞서 살펴본 기획·편집·디자인이 책의 소프트웨어를 만드는 과정이라면 이제부터는 눈에 보이는 책, 즉 하드웨어를 만드는 과정이다. 책이라는 형태를 만드는 곳을 제작처라고 하는데, 제작처에는 크게 지업사, 인쇄소, 제본소, 후가공업체 등이 있다. 실제로 독자가 만나는 것은 책이니 제작처를 관리하는 일은 매우 중요하다.

결국 눈에 보이고 서점에 진열하는 책을 만드는 것은 제작처인 셈이다. 따라서 제작처를 관리하는 일은 무척 중요하다. 게다가 제작처에는 많은 물자를 투입하여야 하니 제작에는 당연히 많은 돈이 들어가기 마련이다. 그러니 제작, 나아가 제작처를 관리하는

책 제작의 모든 것, 제작발주서

책을 제작하는 데는 여러 업체, 여러 물자가 투여된다. 그뿐 아니라 책을 기획하고 디자인한 사람의 의견 역시 제작처에 정확히 전달되어야만 출판사가 뜻한 바대로 책이 탄생할 수 있다. 그러한 모든 과정을 일일이 말로 전달하는 것은 효율적이지 못하다. 그래서 제작발주서를 만드는 것이 효과적이다.

제작발주서는 출판사의 제작 담당자가 만드는데, 제작 담당자가 없는 경우에는 제작을 책임진 사람이 작성하면 된다. 제작발주서 작성 시에는 편집자, 디자이너의 의견, 제작 담당자의 의견을 취합해 제작처에 전달할 내용을 정확히 기재한다. 또 제작발주서에는 각 제작처가 수행해야 할 업무의 내용을 정확히 기재하여야 한다. 그런 다음 같은 제작발주서를 모든 제작처에 보내 공유하도록 한다. 그렇게 하면 제작처에 일일이 업무 내용을 확인할 필요도 없이 업무가 진행될 수 있다.

책을 제작하다 보면 생각보다 사고가 많이 발생한다. 사고는 사소하건 심각하건 책의 최종 형태에 영향을 줄 수밖에 없다. 따라서 사고가 발생하면 책임 소재를 명확히 가려야 한다. 책임에 따라 경제적 보전을 누가 할 것인지 결정되기 때문이다. 이때 제작발주서를 작성해서 공유하지 않으면 사고 발생의 책임 소재를 가리는 데 어려움을 겪기도 한다. 그런 경우를 대비해서라도 제작발주서를 정확히 작성해 모든 제작처가 공유하는 것은 중요하다.

제작발주서를 보면 알 수 있듯이 책을 만드는 데 들어가는 종이, 인쇄 형태, 크기, 참조사항 등 모든 내용이 담겨 있다. 따라서 이것만 보면 어느 제작처의 누구든 책을 어떻게 만들어야 하는지 알 수 있다.

처음에는 제작발주서를 만드는 게 힘겹더라도 반드시 만드는 훈련을 해야 한다. 그래야 더 많은 제작을 하게 되어도 체계적으로 업무를 진행할 수 있다.

제작발주서(신간)

2021년3월24일(수)

도서명	출판사 하고 싶을 때 읽는 책	정가	14500원
판형	신국 변형 (138*210)	제본	무선날개
본문면수	256	판쇄	2쇄
발주부수	2000부(띠지 9600개)	발행일	4/15

품목(도수)	지종	정미	여분	계	제작처	비고
본문(2/2)CTP	에코포레 625*880	32매	2.5매	34.5매	영신	한서보관
표지(4/0)CTP	220매직패브릭 고백색	333매	102매	435매	영신	한서
본문면지						
띠지(4/0)CTP	150스노우 4*6 횡목	400매	100매	1연	영신	한서

지업사	한서	용지입고일			
본문 인쇄	영신	인쇄완료일			
표지인쇄	영신	인쇄완료일			
코팅	이지앤비(표지-무광) (띠지-유광)	완료일			
제본	영신	입고완료일			창고

참조사항	*별색: DIC 125 *띠지:4*6 2절 원터치

그림씨

전화031-955-7525팩스031-955-7469

이 제작발주서는 《출판사 하고 싶을 때 읽는 책》에 관한 제작 사항을 작성한 것이다.

것은 경제적으로도 매우 중요하다. 그런데 출판을 처음 시작하는 분들 가운데는 제작처 관리라는 개념을 갖지 않은 경우가 있는 듯하다.

모로 가도 서울만 가면 된다는 속담이 있듯이 제작처 관리를 잘하건 못하건 돈만 주면 책이 나오는 것은 맞다. 그러나 같은 금액으로 더 나은 책을 만들고, 같은 책을 다른 출판사에 비해 더 적은 돈으로 만들 수 있다면 그렇게 해야 하지 않을까? 그래서 제작처 관리가 중요하다.

지업사

지업사는 대형 제지업체에서 만든 종이를 공급받아 판매하는 종이 유통업체다.

그렇다면 출판사에서 제지업체를 직접 거래하면 안 될까? 아무래도 단가가 더 내려갈 테니 말이다. 맞는 말이다. 그러나 동네 소형 서점이 출판사와 직접 거래하기가 어려워 도매상을 거래하는 것과 마찬가지 이유로, 종이 사용량이 적은 출판사와 직접 거래를 할 제지업체는 거의 없다. 게다가 지업사를 거래해야 하는 또 다른 이유가 있다. 제지업체는 자신들이 기획한 종이만 생산하지만 출판사들은 다양한 종이를 사용한다. 한 제지업체만 거래해서는 다양한 출판물을 만들 수 없다. 그러니 다양한 제지업체의 다양한 종이를 확보하고 있는 지업사와 거래하는 게 훨씬 도움이 된다.

일반적으로 출판사가 사용하는 종이의 종류가 얼마나 될까? 적게 잡아도 수백 가지, 많으면 수천 가지에 이른다. 그 많은 종이 종류를 한 제지업체 또는 소수의 제지업체에서 만들지 않는 것은 당연하다. 종이 도매상인 지업사조차도 모든 종이를 구비하고 있지 않은 경우가 많다. 결국 다양한 종이를 입맛에 맞게 사용하기 위해서는 여러 곳의 지업사를 거래해야 하는데, 사용하는 종이의 양이 일정 규모 이상은 되어야 한다.

그렇다면 여러 지업사마다 같은 종이를 구입한다고 해서 그 가격은 모두 같을까? 절대 그렇지 않다. 같은 종이라도 지업사마다 가격이 다를 뿐 아니라, 같은 지업사라도 각각의 출판사에 공급하는 가격이 다르다. 한마디로 종이 가격이 천차만별이라는 것이다.

같은 출판사끼리도 저 출판사가 이 종이를 얼마에 공급받는지 정확히 알지 못할 만큼 종이 가격은 매우 민감하다. 왜냐하면 같은 종이를 다른 가격에 공급받는다는 사실을 알게 되면 좋아할 출판사가 한 곳도 없기 때문이다. 그럼에도 지업사 입장에서는 각 출판사가 사용하는 종이의 양, 종이 대금을 결제해 주는 방식, 출판사의 안정성 등을 고려하지 않을 수 없다.

상식적으로 대금 결제도 원활하지 않고 책도 별로 팔지 못해서 언제 어떻게 될지 모르는 출판사에 종이를 값싸게 공급할 지업사는 없을 것이다. 반면에 결제도 정확히 하고 영업도 안정적으로 하는 출판사의 경우에는 사용하는 종이의 양이 그리 많지 않다고 하더라도 신뢰를 바탕으로 좋은 가격에 공급할 것이다.

어떤 종이를 사용하는 것이 좋을까?

책은 크게 표지, 면지(표지와 본문 사이에 끼워 넣은 종이이며 책을 견고하게 만든다), 내지(본문)로 구성된다. 따라서 종이 또한 표지와 면지, 내지마다 서로 다르다. 표지 하나만 해도 사용하는 종이의 종류가 수백 종을 넘으면 넘었지 부족하지는 않을 것이다. 표지에 사용하는 수입지만 해도 헤아릴 수 없을 만큼 많으니까.

면지 역시 무척 다양하다. 색상부터 두께, 질감 등 수많은 종이가 면지로 쓰인다. 내지는 두말할 나위도 없다. 사진이 들어가는 책의 종이와 글씨만 있는 책의 종이를 같은 것을 쓰기는 힘들다. 흑백으로 이루어진 이른바 단도單度 책과 컬러로 이루어진 4도四度 책도 같은 종이를 사용하지는 않는다. 소설책에 사용하는 종이와 인문학 책에 사용하는 종이가 다르고, 대학교재에 사용하는 종이와 예술서에 사용하는 종이가 다르다. 일반인들은 잘 모를 수도 있으나 책 좀 만들어본 사람들은 만져만 보아도 알 수 있고, 책을 들어만 보아도 어떤 종이를 사용했을지 대략 짐작할 수 있다.

그렇다면 책을 만들 때 어떤 종이를 사용하는 것이 좋을까? 종이 가격도 천차만별이고 종이의 특성 또한 워낙 다양해서 어떤 책에는 어떤 종이가 좋다는 일반론을 내세우기 어렵다.

다만 통상적으로 디자이너들이 특수지, 고급지를 선호하는 경향이 있다. 아무래도 책의 볼품이 좋아지기 때문일 것이다. 또

색상을 잘 받는 종이를 쓰고자 하는 것도 디자이너의 마음이다. 비싼 종이를 쓰면 독자들은 그걸 알아보고 기꺼이 더 비싼 가격을 지불하고자 할까? 독자들 눈에 "이 책 종이는 정말 좋은데." 할 만큼 차이가 나려면 정말 가격 차이가 큰 종이, 또는 특수지를 사용해야 한다. 그렇지 않으면 독자들은 별 차이를 느끼지 못할 가능성이 크다.

경험을 말하라고 한다면, 가급적 경제적인 종이를 사용하라고 권하고 싶다. 처음에는 책을 멋지게 만들고 싶은 욕심에 특수지를 쓰기도 하고 수입지를 쓰기도 하는데, 표지에 사용하는 특수지나 수입지 같은 경우에는 종이의 가격이 본문 용지 전체 비용과 맞먹을 정도로 비싼 것도 많다. 필자는 이런 것을 배보다 배꼽이 큰 경우요, 자신의 만족을 위해 독자에게 과다한 비용을 전가하는 행위라고 여긴다. 표지 두 장 가격이 본문 전체 가격보다 비싸다는 사실을 독자들이 안다면 어떻게 생각할까? 아무리 책을 고급스럽게 만들고 싶은 욕심이 있다고 하더라도 정도껏 해야 한다고 믿는다.

그러나 이 주장이 전적으로 옳다고 생각하지는 않는다. 가끔 탁월한 꾸밈새로 만든 책을 만나면 필자 또한 감탄하니 말이다. 다만 어떤 책이든 그 책의 디자인과 내용에 어울리게 적정한 수준의 소재와 방법을 사용하여 만들기 위해 한 번 더 고민하고 선택해야 하겠다.

종이도 절약할 수 있다

다음으로 하고 싶은 말은 종이도 상당한 절약이 가능하다는 것이다.

처음 출판사를 시작하는 분들은 '이게 무슨 말이지?' 할 것이다. 그러나 인쇄용 종이의 속성을 알게 되면 책의 형태에 따라 종이의 절약이 가능하다는 사실을 깨닫게 된다.

종이는 크게 국전지(636×939mm)와 사륙전지(788×1091mm)로 나눌 수 있다. 이는 국판 책과 사륙판 책을 만들 때 사용하는 종이라고 보면 된다. 종이를 크기에 따라 나누는 까닭은, 책의 크기에 안 맞는 종이를 사용하면 그만큼 종이가 낭비가 되기 때문이다.

요즘에는 책의 형태도 신국판, 사륙판, 사륙배판, 국배판, 크라운판 등 다양한 크기로 만들고 있는데, 게다가 이 크기들을 변형시킨 판형들이 많아서 일률적이지 않다. 세로로 긴 책도 있고 가로로 긴 책도 있으며, 크기나 형태도 매우 다양하다. 그렇다 보니 그런 변형판 책을 만들기 위해서는 당연히 규격화된 종이를 잘라 사용하게 되는데, 많이 잘라낼수록 종이 낭비가 심하게 된다. 그 결과 그만큼 비용 손실도 발생하는 것은 당연하다.

그렇다고 늘 규격화된 종이에 맞추어 책을 만들다 보면 책의 크기와 형태가 천편일률적이 되고 따라서 책의 맵시가 나지 않는다. 그래서 변형판 책을 만들 때는 현재 출시되는 종이 가운데 가장 낭비가 적은 종이를 찾아 사용해야 한다.

일반적으로 국전지는 사륙전지에 비해 가격이 30% 정도 싸다. 30% 크기가 작다는 뜻이다. 이를 달리 말하면, 신국판 책을 만들면서 사륙전지를 사용하면 종이가 30% 낭비된다는 말이다. 물론 그렇게 만드는 사람은 없다. 그래서 종이 낭비가 지나치게 나올 것이

판형에 따라 사용하고 있는 종이와 절수

판형	명칭	크기(mm)	종이	전지1매의 절수(page)	사용 예
A4	국배판	210×297	국전지	8절(16p)	여성지
A5	국판	148×210	국전지	16절(32p)	교과서 및 단행본
A6	국반판	105×148	국전지	32절(64p)	문고본
B4	타블로이드	254×374	사륙전지	8절(16p)	주간신문
B5	사륙배판	188×257	사륙전지	16절(32p)	시사 주간지
B6	사륙판	128×188	사륙전지	32절(64p)	문고 및 단행본, 일반서적
규격 외	신국판	152×225	국전지	16절(32p)	단행본
	크라운판	176×248	사륙전지	18절(36p)	사진집
	30절판	125×205	사륙전지	30절(60p)	단행본
	36판	103×182	사륙전지	40절(80p)	문고본

예상되는 경우 인쇄소에서 "종이가 잘못 입고되었다."고 알려주기도 한다.

반면에 제본소에서는 종이 낭비가 클수록 좋아한다는 말이 있다(이는 예전 이야기라 요즘도 그런지는 잘 모르겠다). 왜냐하면 책의 형태에 맞추어 남은 종이를 자르면 폐지가 그만큼 많이 나오고, 이는 폐지를 팔아 생기는 수익이 크기 때문이다. 그러니 종이를, 구상하는 책의 크기에 맞추면 맞출수록 출판사 입장에서는 비용을 절감할 수 있는 셈이다.

경험으로 보자면 10% 내외의 손실이 나는 경우는 매우 흔하다.

앞의 표는 책의 판형에 따라 사용하고 있는 종이와 절수에 따라 나올 수 있는 페이지를 정리해 놓은 것이다. 절수란 전지를 판형에 맞게 재단했을 때 나오는 종이 개수이고, 양면인쇄를 하므로 페이지 수는 그 배가 된다.

일반적으로 책을 만드는 중요한 직접 비용 요소를 종잇값 – 인쇄비 – 제본비로 구분한다면, 그 가운데 가장 비중이 큰 것이 종잇값이다. 따라서 종이를 5%만 아껴도 상당한 비용 절감 효과를 거둘 수 있다. 그리고 노력하면 그 정도는 절감할 수 있는 게 종이다.

종잇값은 변동이 심하다

한편 우리나라에서 사용하는 종이 가운데는 국내에서 제조하는 종이도 많지만 수입지도 많다. 또 국내산 종이의 경우에도 원재료인 펄프는 100% 수입에 의존한다. 그러다 보니 종잇값은 수요와 공급, 환율의 변동, 국제 시세 등에 따라 변동이 심하다. 따라서 거래하는 지업사에서는 종잇값이 어떻게 변할 거라는 사실을 미리 알려주는 경우가 많다. 그러면 자금에 여력이 있는 경우에는 많이 사용하는 종이를 일정 수량만큼 구입해 놓는 게 유리하다. 요즘 같은 저금리 시대에는 5%만 값싸게 구입해도 큰 이익이기 때문이다. 종이를 구입해서 어디에 보관할까는 고민하지 않아도 된다. 거래하는 인쇄소에 말하면, 그 정도 종이는 인쇄소에서 보관하고 있을 테니까. 출판사에서는 어느 종이를 어느 인쇄소에 보관하고 있는가만 기록해 놓고 관리하면 된다.

국전지 규격 및 인쇄매수(1연)

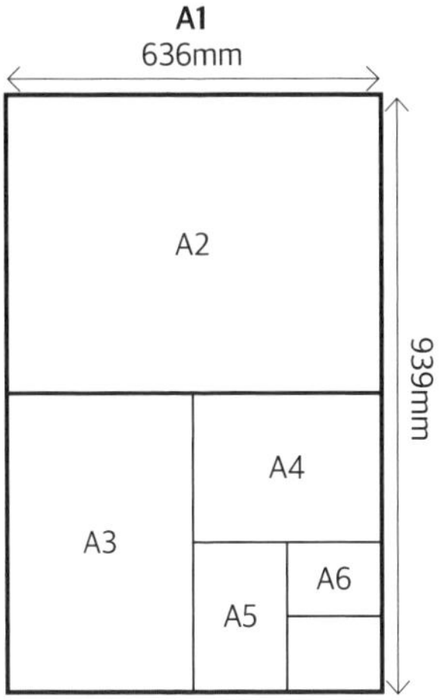

용지별 사이즈와 인쇄매수(1연 기준)

명칭	치수(mm)	매수
A1(전지)	636×939	500
A2(국2절)	636×469	1,000
A3(국4절)	318×469	2,000
A4(국8절)	318×234	4,000
A5(국16절)	159×234	8,000
A6(국32절)	159×117	16,000

고작 5% 때문에 언제 쓸지도 모르는 종이를 구입해 놓을 필요가 있을까, 하는 분도 계실 텐데 그건 출판사를 운영하는 분의 의사결정이다.

종이는 특별한 경우가 아니라면 '연'이라는 단위로 거래하는데, 1연은 500매다. 그러니까 '80g 모조지 국전지 10연'이라고 하면 636mm×939mm 크기에 한 장 무게가 80g인 모조지 5천 장이라는 말이다.

대부분 종잇값은 종이의 질, 종이의 무게, 종이의 크기에 따라 달라지는데, 일반적으로는 연당 얼마로 계산한다. 다만 고급지인

수입지 또는 특수지의 경우에는 많은 양을 사용하지 않기 때문에 장당으로 계산하는 것이 일반적이다.

인쇄소

인쇄소는 말 그대로 종이에 그림이나 글씨를 인쇄하는 공장이다.

출판사를 운영하기 위해서는 인쇄의 원리 정도는 알아야 한다. 왜냐하면 인쇄의 질을 좌우하는 것은 인쇄소의 기술자들이지만, 출판사 담당자의 실력도 큰 몫을 하기 때문이다. 또한 인쇄의 원리를 제대로 알면 인쇄비를 절감하는 데도 도움이 된다.

일반인이라면 인쇄소 구경을 하는 것만으로도 신기하고 즐거운 경험이 될 것이지만 출판사를 운영하는 분이라면 전혀 다른 시각에서 인쇄소를 보아야 한다. 인쇄의 원리를 알고 있으면 인쇄소 직원과 보다 효율적인 대화를 할 수 있을 뿐 아니라 서로 이해의 폭이 넓어 일을 하는 데도 수월하다. 비용 절감 방법을 도출하는 것도 인쇄의 원리를 알 때만 가능하기 때문에 인쇄의 원리를 대강이라도 알아두는 게 유리하다.

그러나 이 책에서 인쇄의 원리를 모두 알려주는 것은 불가능하다. 인쇄의 대강만을 전할 수밖에 없으니, 그 이상은 스스로 원리를 파악하거나 인쇄소 담당자에게 배우도록 하자. 알고자 하는 사람을 문전박대하는 인쇄소는 절대 없다. 만일 담당자가 그런 태도를 보인다면 그 인쇄소에서 출판사를 우습게 보는 것이거나 출판사에서 인쇄소에 결제를 제대로 하지 않은 것이다. 반대로 인쇄에 대해 배우고자 하면 합리적인 인쇄소는 열심히 가르쳐줄 것이다. 왜냐하면 출판사 담당자가 인쇄에 대해 많이 알면 알수록 업무를 진행하는 데 서로 이해의 폭이 넓어질 것이기 때문이다.

인쇄의 출발점, 출력

인쇄 작업 가운데 가장 먼저 하는 것이 출력 과정이다. 출력이란 인쇄할 내용을 필름으로 만드는 과정이다. 인쇄는 그 기본 원리가 사진을 찍어서 종이 위에 인화하는 것과 같다. 그러니 출력은 디자인한 책의 페이지를 필름으로 만드는 과정이라고 보면 된다. 예전에는 필름으로 출력을 한 후 다시 감광제를 씌운 알루미늄 판에 노광露光시켜 인쇄기의 인쇄판을 만들었는데, 요즘은 필름 출력 과정을 생략하고 CTPComputer To Plate, 즉 컴퓨터에서 직접 인쇄할 수 있는 판을 만들어서 뽑아낸다. 이 CTP 출력 비용도 인쇄비에 포함된다는 사실을 알아둘 일이다.

인쇄는 1도 인쇄, 2도 인쇄, 4도 인쇄로 구분된다. 1도 인쇄는 한 가지 색으로 한 번만 인쇄하고, 2도 인쇄는 검정색으로 인쇄한 다음 다른 색 가운데 하나를 선택하여 한 번 더 인쇄한다. 4도 인쇄는 검정, 빨강, 파랑, 노랑으로 4번 인쇄하여 컬러 인쇄 효과를 낸다.

인쇄비 견적을 낼 때에는 '인쇄 대수'라는 개념을 사용한다. 종이 한 장이 인쇄기에 투입되어 인쇄되어 나오게 되는데, 바로 이것을 1대라고 한다. 예를 들어 신국판형으로 본문 256페이지 단행본을 제작하게 된다면, 국전지를 사용할 것이고, 이 1대의 전지를 접지하면 16장(32페이지) 분량의 책 본문을 얻을 수 있다. 도합 8장의 종이를 인쇄하게 되면, 본문 분량으로 256페이지 인쇄를 마친 셈이다. 인쇄비는 몇 대수의 인쇄 작업을 총 몇 번씩 했는지에 따라 계산되는 것이고, 그것이 1도 인쇄인지, 2도 인쇄인지, 4도 인쇄인지에 따라 도수 차이만큼 계산을 달리하여 청구한다.

인쇄비 청구 단위가 기본적으로 대수 숫자를 기준으로 하는 것이니만큼 페이지 수가 조금 넘치는 경우에는 페이지를 32, 16, 8의 배수로 맞춰야 한다. 그리고 책의 앞부분에 컬러 사진이나 그림이 많고, 뒷부분에는 컬러를 굳이 사용하지 않아도 되는 경우 앞 대수 인쇄 부분에는 4도 인쇄로 작업하고, 나머지 대수들은 1도나 2도로 인쇄하여 비용을 절약하기도 한다.

인쇄소, 어떻게 선정할 것인가?

공들여 편집하고, 디자인까지 마친 책을 어느 인쇄소에 맡겨야 할지 고민이 되는 것은 당연하다. 가격이 저렴한 곳? 품질 좋기로 유명한 곳? 누군가에게 추천받은 곳? 일단은 지인에게서 추천받은 곳을 방문하여 인쇄소의 환경과 인쇄기를 살펴보고 담당자로부터 그곳의 장점이 무엇인지, 장점의 이유에 대해 들어보는 것이 좋을 것이다.

인쇄소에서 사용하는 기계는 대부분 같은데, 우리나라 인쇄소에서 사용하는 기계 가운데 일본제와 독일제 기계 외에 다른 기계가 있다는 말을 들은 기억이 없다. 그런데도 인쇄소의 품질은 제각각이다. 그 이유는 인쇄 기술자에 따라 다르게 나올 수 있기 때문이다. 그렇다고 일반적인 책을 출간하는 데 큰 차이를 느낄 정도는 아니다. 물론 정교한 작품이나 예술서 등을 만들 때는 인쇄소 선정에 심혈을 기울여야 한다.

그렇다면 인쇄소 선정에 있어서 중요시해야 하는 것은 무엇일까?

인쇄 과정에서 문제가 생겨도 금방 찾아서 개선할 수 있고, 감리를 보러 간 출판사 사람에게도 잘 설명해 주는 곳이 아무래도 믿음이 갈 수밖에 없다. 그런 업무 태도를 갖고 있는 곳을 찾는 것이 장기적으로 신뢰하고 거래할만한 인쇄소라고 할 수 있다.

만일 출간할 책이 대중적이고 수량을 중시하는 경우라면 인쇄의 질보다는 가격에 주안점을 두고 인쇄소를 선정하는 것이 좋다. 반면에 고급 책이나 예술서 등 수량보다는 질을 중시하는 책을 출판하려면 가격보다 질이 좋은 인쇄소를 선정해야 할 것이다. 필요하다면 이 두 가지 유형의 인쇄소를 모두 거래하는 것도 좋을 것이다.

최근, 출판사의 책을 주로 인쇄하는 인쇄소는 대부분 파주와 일산 등지에 있다. 서울 을지로 등에 소재하는 인쇄소는 카탈로그 등 소량 인쇄를 주로 담당한다. 따라서 출판사를 운영하려는 분은 파주나 일산에 소재한 인쇄소 가운데 한 곳을 선정해야 할 것이다.

종이, 인쇄, 제본, 후가공을 두루 이해하는 편집자 눈에는 제작비 절감 요인도 여기 저기 눈에 띄기 마련이다. 그런 직원을 두고 있는 대표는 복 받은 사람이다. 그러니 모든 직원이 제작에 대한 기본적인 이해를 하고 있다면 그 회사는 잘될 수밖에 없다.

인쇄비의 비밀

우리나라에서 인쇄비는 참 비밀스러운 존재다. 왜, 얼마나 비밀스러우냐고? 30년 동안 인쇄비는 그대로다. 아파트 가격이 100배 오르고, 대학 등록금이 10배 오르는 동안 인쇄비는 그대로다. 도대체 말이 되느냐고 생각하는 분이 많을 것이다. 그런데 현실이 그렇다. 그렇다면 이러한 가격은 어떻게 가능할까?

그건 기계화 때문이다. 기계가 그만큼 발달했기 때문에 가능했다는 말이다. 과거에는 4도 인쇄, 즉 컬러 인쇄를 하려면 1도 인쇄기를 네 번 돌려서 하는 경우가 많았다. 그러나 오늘날은 4도 인쇄기는 물론 8도 인쇄기까지 등장하였다. 이는 과거에 비해 같은 시간 동안 8배 빠르게 인쇄할 수 있다는 말이다. 그러니 인쇄비가 30년 동안 고정되어 있어도 충분히 이익을 남길 수 있다. 게다가 8배 빠르게 인쇄하게 되었다는 말은 그만큼 인건비도 아낄 수 있다는 말이니 충분히 이해할 수 있을 것이다.

인쇄비 역시 종잇값과 마찬가지로 인쇄소마다, 그리고 거래 출판사마다 조금씩 다르다. 이 또한 인쇄소와 출판사 사이의 관계성에 따라 형성된다. 오랫동안 많은 양을 인쇄하고 결제도 잘 하는 출판사에게 비싸게 받을 인쇄소는 없다.

인쇄소를 거래할 때 기억해야 할 팁 한 가지

여기서 인쇄비를 절감하는 방법(이라고까지 하기는 어려운 게 인쇄비는 크게 차이가 나지 않기 때문이다. 그래도 차이가 나니 참고하시기 바란다)을 말하자면 다음과 같다.

우선 중요한 것으로는 인쇄비 결제를 잘 해야 한다는 것이다. 대부분 출판사들이 인쇄소에 잔액을 남겨 놓고 거래를 한다. 이를테면 이번 달에 결제해야 할 금액이 100만 원이라면 80만 원만 결제를 하고 20만 원은 잔액으로 남겨둔다. 다음 달에 또 그렇게 하면 잔액이 40만 원이 된다. 그 다음 달에도 그렇게 하면 잔액이 60만 원이 된다. 그렇게 거래를 하며 1~2년 지나면 200만 원쯤 쌓이게 된다. 많은 출판사들이 그렇게 한다. 그렇게 주어야 할 돈을 주지 않고 버티는 것을 경영을 잘하는 것으로 착각하는 분들도 많다. 그러나 이는 출판사를 정리한 후 돈을 떼어먹을 생각이 없다면 결코 잘하는 경영이 아니다. 주지 않은 돈이 내게 유리한 경우는 망해서 야반도주할 때만 가능하다.

출판을 필생의 업으로 생각하는 사람에게는 모든 돈이 지불해야 할 부채다. 그런데 부채라는 것은 반드시 비용을 발생시킨다. 은행이 돈을 빌려줄 때는 이자를 받고, 리스 회사에서 기계를 빌려줄 때도 반드시 그에 상응하는 리스 비용을 받는다. 인쇄소는 그렇지 않을까? 현금으로 전액 지불하는 출판사와 1년분 인쇄비를 안고 가는 출판사를 똑같이 대할 것이라고 믿는 분이 있다면 일찌감치 사업을 접는 편이 낫다. 어느 인쇄소도 그렇게 하지 않는다.

물론 특별한 사정이 있어서 한두 달 지불을 연기하는 경우는 이해하고 넘어간다. 그러나 늘 인쇄비 지불을 미루는 출판사에 대해서는 반드시 그에 합당한 비용을 청구하기 마련이다. 그것이 눈에 보이는 것이건 눈에 보이지 않는 것이건 마찬가지다.

"그래도 늘 어느 정도 지불해야 할 돈을 안고 가야 그 인쇄소가 나에게 잘할 것 아니오? 그 돈 받아야 하니 말이오. 그리고 돈이 없어서 지불하지 못하니 어쩔 수 없이 안고 가는 것 아닌가요?"

그렇지 않다. 우선 돈이 없어서 지불하지 못하면 결국 책을 못 만들게 된다. 그러니 그건 일종의 습관이 될 뿐이다. 아무리 지불을 늦춘다고 해도 1년분, 2년분, 3년분, 5년분 늦출 수는 없다. 그럼 언젠가는 지불하지 않으면 인쇄할 곳을 찾기 어렵게 된다. 출판계와 마찬가지로 인쇄업계도 좁아서 지불이 좋지 않은 출판사 명단은 두루 공유한다. 그럼 당연히 다른 출판사에서 인쇄하다가 못 해서 새로운 거래처를 찾게 되면 비싸고 좋지 않은 조건으로 거래할 수밖에 없다. 필자도 그런 이야기 자주 듣는다. "○○ 출판사가 요즘 지불을 미루어서 인쇄소들의 기피 출판사가 되고 있어요." 묻지 않아도 인쇄소 담당자들이 와서 이야기한다. 그런 이야기 들을 때 기분이 좋지 않다. 모든 출판사가 도매금으로 넘어가는 듯해서 말이다.

또 결제 조건이 좋지 않으면, 그 돈 받으려고 더 잘해주는 게 아니라 점점 찬밥 신세가 된다. 그런 출판사는 어차피 잘해주어도 결제를 잘 안 해준다. 그러니 서비스가 나빠지는 것이다. 그러다 안 주면? 그럼 법대로 하면 된다.

반면에 매달 지불해야 할 금액을 전액 지불하면 어떤 일이 벌어질까? 우선 인쇄소의 서비스가 좋아진다. 왜냐하면 지불해야 할 금액이 없으니 마음에 안 들면 즉시 다른 인쇄소로 옮겨갈 수도 있다. 반면에 지불해야 할 금액이 많으면 다른 인쇄소로 옮기기 어렵다. 왜냐고? 거래를 중단하면 즉시 그 인쇄소에서 밀린 금액을 지불해 달라고 요구할 테니까.

이렇듯 인쇄소 결제 대금을 남기지 않고 잘 결제하면 인쇄비를 가능하면 저렴하게 해주기도 한다. 인쇄소도 늘 자금이 빠듯한데, 결제 잘해주는 출판사에 조금이라도 좋은 조건으로 공급하는 것은 당연한 것 아니겠는가. 그래서 지불이 좋은 출판사에 대해서는 인쇄소들이 빨리 지불해달라고 요구하지 않는다. 오히려 얼마간의 잔액을 깔고 가는 것을 원하기도 한다. 그래야 다른 인쇄소로 옮기지 않을 테니까. 그러나 그런 출판사는 잔액을 남기지 않는다. 어떤 출판사는 오히려 선금을 지불하기까지 한다. 그럼 인쇄소는 출판사에 정성을 다할 수밖에 없다. 그러니 처음 출발할 때 조금 어렵더라도 거래처에 전액 지불하는 습관을 기르는 것이 좋다. 서너 달만 고생하면 어차피 그 다음부터는 한 달에 지불해야 할 금액이 똑같다.

제본소

제본소는 인쇄한 전지全紙를 가져다가 접고 순서대로 포갠 후 표지와 함께 붙이고 네 면을 가지런히 다듬어 온전한 책의 형태를 만드는 곳이다. 과거에는 인쇄소와 제본소가 독립적으로 운영하는 경우가 대부분이었다면, 최근에는 인쇄소에서 제본까지 겸하는 경우가 많다. 이렇게 하면 인쇄물을 제본소까지 실어 나르는 번거로움이 사라져 일관작업이 가능하다. 그러나 아직도 제본만 따로 하는 공장들이 있는데, 특히 양장 제본의 경우에는 독자적으로 제본소를 운영하는 경우가 많다.

책을 만드는 다양한 공정 가운데 가장 볼 만한 곳이 제본소다. 책 만드는 과정을 견학시키기 위해 여러 공정을 안내하다 보면 견학생들이 눈을 가장 크게 뜨는 곳이 제본소다. 그만큼 재미있는 광경이 펼쳐지는데, 이는 다시 말하면 제본의 과정이 복잡하다는 말과 같다. 제본은 크게 접지(자른 인쇄물을 책의 크기에 맞게 접는 과정) - 정합(접은 인쇄물을 페이지 순서에 맞추어 합하는 과정) - 표지 붙이기(내지 인쇄물에 표지를 붙이는 과정) - 삼면 재단(완성된 책의 3면을 칼로 잘라 바르게 만드는 과정)으로 나눌 수 있다. 이는 일반적인 무선 제본 과정이며 양장 제본이나 중철 제본 등은 그에 따른 과정이 따로 있다.

한편 일반인의 시각으로는 제본, 즉 큰 종이에 인쇄한 종이를 가져다 우리가 보는 완성된 책의 형태로 만드는 제본에 가장 많은 비용이 소요될 것 같지만, 사실은 제작비에서 제본비가 차지하는 비중이 가장 적다. 게다가 제본소는 인쇄소에서 인쇄물을 실어오는 비용, 그리고 완성된 책을 출판사에 납품하는 비용까지 부담하는데도 그렇다.

물론 양장 제본이나 최근 새로이 등장한 사철 제본(실로 꿰매 책을 만드는 방식으로, 양장 제본은 사철 제본을 한 후 그 위에 두꺼운 판지를 댄 제본 방식이다. 최근에는 사철 제본만 한 후 양장을 하지 않는 누드 제본 방식도 선보이고 있다) 등은 값이 비싸다.

제본소는 자동화가 완전히 이루어진 몇 곳을 제외한다면 아직도 많은 인력이 투입된다. 값비싼 기계를 이용해 작업하는 인쇄소에 비해서는 규모가 작다. 앞서 설명한 것처럼 최근에는 인쇄소에서 제본도 겸하므로 제본소에 대한 거래 문제는 특별한 경우에만 발생하기에 제본소 거래 문제는 인쇄소에 준해서 하면 되겠다.

후가공

후가공은 종이—인쇄—제본으로 이어지는 제작 과정에 포함되지 않는 다양한 작업을 가리킨다. 예를 들면 표지에 금박이나 먹박을 입혀 특수한 효과를 준다거나 내지에 다양한 가공품을 삽입하는 일, 또는 표지를 다양한 모양으로 자르거나 하는 일들을 가리킨다.

이 일들은 만들고 싶은 형태나 구현하고 싶은 효과를 가지고 인쇄소 담당자와 상의하면 그러한 작업을 하는 곳을 소개해 줄 테니 안내받아 진행하면 된다.

PA12
KPP

용지 인쇄소에 보관되어 있는 종이.
출판사의 요청에 따라 지업사는
인쇄소로 종이를 납품한다.

인쇄 5도 인쇄기이다. 검정, 빨강, 파랑, 노랑
4가지 색이외에 형광, 금, 은색 및 별도의
지정색을 사용하는 경우 5도 인쇄라고 한다.

인쇄 색 조정 인쇄를 시작할 때, 색깔이나
인쇄 상태를 확인하고 조정하는 과정이다.

접지 인쇄한 전지를 접지하고 있다. 1장의 전지를 접지한 것을 '1대'라고 부른다.

정합 접지 후 책의 순서대로
합하는 과정이다.

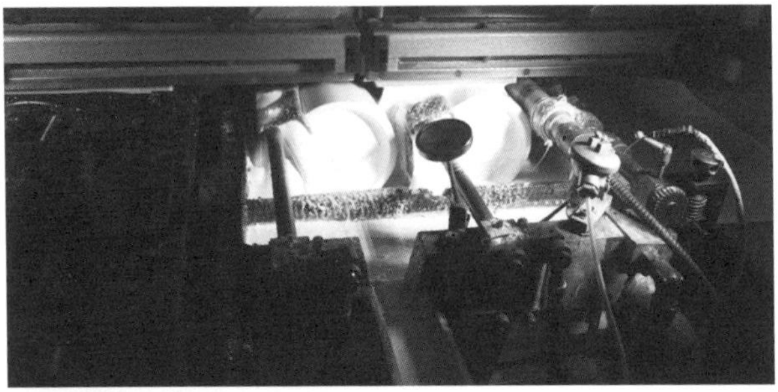

무선제본 정합을 마친 후 내지에 접착제를
바르는 과정이다. 그 이후 표지를 감싸서 고정한다.

날개 접지 책의 앞자락을 재단하고, 표지의 날개 부분을 접고 있는 과정이다.

재단 책의 위, 아래 부분을 재단하고 완성된 책이 나오고 있다.

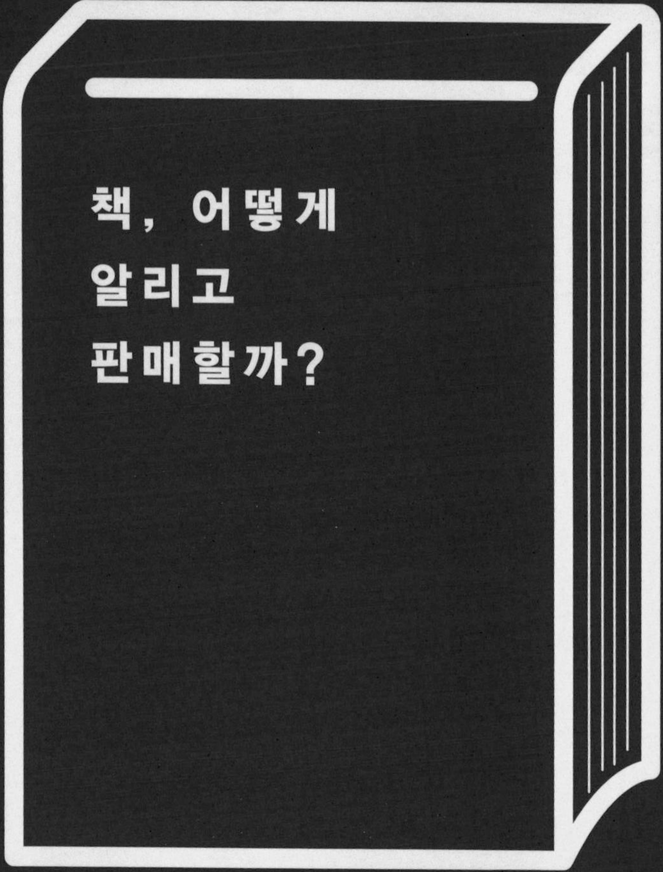
책, 어떻게
알리고
판매할까?

만든 책을 세상에 널리 보급하는 역할, 마케터!

꽤 오래 전, 그러니까 인터넷(모바일이라고 해도 괜찮겠다)이라는 게 오늘날처럼 삶의 실핏줄이 되기 전에는, 출판사에서 근무하던 직원이 새로이 출판사를 차릴 때 가장 성공 확률이 높은 게 영업부(오늘날의 마케팅일 텐데, 그 무렵에는 영업부라고 불렀다) 출신이라고들 했다. 전통적인 출판 도매상과의 거래가 전체 매출에서 차지하는 비중이 매우 크던 시절에 흔히 볼 수 있는 현상이었다.

그 후 도매상 비중이 줄어들고 인터넷 서점의 매출이 단행본 출판 시장의 40~50% 이상을 차지하게 되면서 '영업'을 통해 시장을 움직이기 어려워지게 되었다. 그런 상황이다 보니 영업부

출신보다는 기획편집자 출신의 성공 확률이 더 커진 것으로 보인다. 최근 들어 새로이 출판을 시작하는 사람들도 대부분 기획편집자 출신이거나, 기획에 관심이 큰 사람들인 듯하다. 대면對面과 인간관계보다는 비대면, 콘텐츠, 설득의 시대로 변모하면서 생겨난 변화일 것이다. 그래서 그런지 출판에서 마케팅과 홍보의 역할을 간과하는 것이 아닌가 싶은 우려를 하게 된다.

얼마 전에 꽤 좋은 책들을 출간하는 출판사 대표를 만난 적이 있는데, 직원 5명 가운데 마케팅을 담당하는 직원이 하나도 없다는 말을 듣고 아연실색한 적이 있다.

"그럼 서점에 누가 다니나요?"

"특별히 다니지 않지요."

"그럼 책을 어떻게 팔지요?"

"그러니까 그게 어렵더라고요. 도대체 우리 책을 어떻게 알려야 하나요? 좀 알려주세요."

그게 바로 마케터가 하는 일인데, 그걸 안 하다니!

시대가 변한 건 맞다. 그렇다고 해서 마케터가 필요 없는 것이 아니다. 마케터의 역할이 바뀐 것이다. 예전에는 영업부 직원이 서점 직원과의 인간적 관계를 이용해 책을 무리하게 많은 서점에 배포했다면, 오늘날 마케터는 책의 정체성과 내용, 회사의 출간 정책 등을 설명해 다양한 경로로 책을 소개하는 역할을 한다. 그래서 앞에서도 언급한 바 있지만 출판사에 가장 필요한 인력이 기획편집자 다음으로 마케터다.

출판사를 시작하는 분의 목표가 첫째도 돈, 둘째도 돈이라면 머릿속에 돈만 들어 있어서 출판에 대해서는 아무것도 모를 테니까 그때는 채용해야 할 직원 1순위가 기획편집자일 것이다. 출간할 책을 구해야 할 테니까. 반면에 자신만의 책을 출판하고 싶은 분이 창업을 했다면 그 출판사는 이미 기획편집자를 구한 상태와 다름없다. 그러니 출판사를 운영하고자 한다면 채용 1순위는 마케터가 되어야 한다.

도대체 마케터가 무슨 일을 하기에 채용 1순위로 마케터를 꼽는 것일까? 마케터는 책을 만들지도 않는데 말이다. 여기서 출판사의 역할에 대해 고민해 볼 필요가 있다. 출판사는 무엇을 하는 곳일까? 많은 분들이 출판사는 책을 만드는 곳이라고 여길 것이다. 이는 금속활자가 책을 쉽게, 다양하게 만들 수 있기에 매우 중요한 발명품으로 여기는 것과 마찬가지다. 그렇지만 세계에서 처음으로 금속활자를 만든 고려는 지금 역사에서 잊힌 존재가 되었다. 왜냐하면 그들은 금속활자를 만들었을 뿐 그 금속활자를 이용해 문명을 더 많은 사람에게 전파하는 역할을 하지 않았기 때문이다.

반면에 독일의 일개 책 거간꾼이었던 구텐베르크는 고려보다 200년 이상 뒤늦게 금속활자를 이용해 책을 만들었음에도 역사에 위대한 이름을 남겼다. 그는 그 기술을 이용해 문명을 수많은 사람에게 전달했기 때문이다. 그렇게 전달된 문명은 세계를 바꾸었고, 역사를 새로이 정립하였다.

결국 출판사가 단순히 책을 만드는 곳이라면 출판사는 그리 중요한 존재가 아닐지 모른다. 반면에 출판사가 문명의 전파 역할을 하는 곳이라면, 출판사는 만든 책을 효과적으로 많은 시민들에게 전달해야 한다. 많은 시민들에게 전달한다고 해서 그 책이 반드시 베스트셀러를 의미하지 않는다. 각각의 책마다 필요로 하는 적정 수량, 그 내용이 전파되는 데 필요한 수량이 보급되기만 하면 되는 것이다. 수요가 수백 부에 불과한 책도 출간되어야 하는 까닭이다. 왜냐하면 그 수백 부가 누군가의 손에 들어가 수천 부가 보급될 새로운 콘텐츠로 거듭나고, 그 콘텐츠가 다시 수십만 명의 손에 들어가도록 가공되어 보급될 수 있기 때문이다.

그러나 이 모든 과정을 위해서는 최소한의 부수가 보급되어야 한다. 만일 수 부(이는 조선시대에 필사본으로 암암리에 보급되던 박지원의 《열하일기》를 떠올리면 될 것이다. 이 책은 결국 집필된 지 100년도 더 지난 1900년대에 들어서야 출판되어 보급되었다)나 수십 부만이 보급된다면 그 책이 문명의 확산에 이바지할 가능성은 매우 낮다. 그러니 출판사가 문명을 생산만 하고 보급하지 못한다면 그 의미가 반감될 것은 분명하다. 마케터는 바로 이 역할을 하는 사람이다. 만든 책을 세상에 널리 보급하는 역할. 그러니 출판사를 설립하면 가장 중요한 두 사람은 '책을 만드는 사람'과 '보급하는 사람'이다. 그래서 어떤 직종보다 필요한 것이 마케터인 셈이다.

마케터는 무슨 일을 할까?

마케터의 역할은 한 마디로 책을 보급하는 것이다. 그러나 책을 보급하는 일은 생각보다 복잡하다. 단순히 책을 가지고 서점에 나가 진열대에 진열하거나 서점에 책을 공급하는 일만이 마케터의 역할이 아니라는 말이다. 오늘날처럼 다양한 경로를 통해 책을 보급하는 시대에는 더더욱 그러하다.

다양한 창구를 찾아 책을 알리다

우선 마케터는 인터넷 서점 담당자들에게 책의 이력서를 제공하는 역할을 한다. 물론 책의 이력서(이를 실무적으로는 보도자료라고 부른다. 보도자료는 단순히 기자들을 위한 책 소개를 넘어, 인터넷 서점에 책의 내용을 올려 독자들이 한눈에 책을 파악할 수 있도록 한다)는 기획편집자가 작성한다. 그러나 이 자료를 인터넷 서점 담당자들이 유심히 살펴볼 수 있도록 적극적으로 소개하고, 나아가 그 책의 장점을 알려 인터넷 서점의 좋은 위치에 올릴 수 있도록 활동하는 것도 마케터의 역할이다.

다음으로 마케터는 도매상에 가서 책을 소개하는 역할도 한다. 하루에 출간되는 책이 수십 종에서 수백 종에 이르는 이 시대에 도매상 담당자가 모든 책을 소매 서점에 소개할 수는 없는 노릇이다. 게다가 소매 서점의 숫자는 갈수록 줄어드니 독자에게 책을 선보이는 일 자체가 매우 어려운 시대다. 그래도 출판사는 이 일을 게을리 할 수 없다. 그러한 역할을 마케터가 하는 것이다.

우리나라 전국 서점에 책을 공급하는 도매상 가운데 중요한 곳을 꼽는다면 북센, 북플러스, 한국출판협동조합(줄여서 조합이라고 부르는데, 이곳은 출판사들이 모여 만든 협동조합으로, 전국 대상의 도매 기능도 한다) 등을 들 수 있다. 앞에서 언급한 바 있지만 모든 서점이 오프라인 서점이었던 과거에 비해 도매상의 기능이 약화된 것은 사실이다. 그래도 도매상의 기능은 매우 중요하다. 최근 들어 새롭게 생겨나는 이른바 독립서점(이 명칭보다는 마을서점이나 동네서점이 어울릴 듯한데)들에 책을 공급하는 역할도 대부분 이 도매상들이 담당한다. 그러니 이러한 독서 생태계가 활성화된다면 도매상의 역할 또한 더 커질 것이다.

또 마케터는 다양한 도서 자료 공급원인 독서 동아리, 도서 추천 단체, 블로거 등을 찾아 그들에게 책의 정보를 제공한다. 이러한 작업은 오늘날과 같이 책을 접하는 공간이 서점에 국한되지 않은 시대에는 더더욱 중요하다. 인터넷이 대중적으로 보급되기 전에는 대부분의 독서인들이 서점에서 책을 보고 구입했다. 그러나 요즘은 서점에서 책에 대한 정보를 찾는 독서인의 비율이 현격히 줄어들었다. 그러니 독서인들이 활용하는 다양한 창구를 찾아 책을 홍보하는 일이 매우 중요한 것이다.

도서관 납품

마케터는 전국 도서관을 상대로 도서 홍보 작업도 해야 한다. 최근 들어 범정부적으로 추진하는 '책 읽기 운동' 덕분에 도서관 숫자도 늘어나고, 그에 따라 도서 구입 예산도 증가하는 추세다. 사실 이처럼 탁월한 정책이 없는데, 책 읽기 운동은 거기에 투여되는 예산에 비해 그 효과는 측정이 불가능할 만큼 크기 때문이다.

도서관의 종류는 크게 문화체육관광부 산하 국립도서관, 교육청 산하 학교 도서관 및 공공도서관, 지방자치단체 산하 공공도서관, 대학 도서관, 특수 목적 도서관, 작은 도서관 등으로 나눌 수 있다. 초·중·고등학교에 있는 학교 도서관은 대략 1만3천 개에 달한다. 지방자치단체 산하 도서관은 최근 들어 활성화되고 있는데, 각 시·군·구에서 지역에 설치한 도서관을 말한다. 일반인들은 교육청과 지방자치단체 산하 공공도서관을 구별하기 힘들다. 두 도서관 모두 명칭에 지역명을 사용하기 때문이다. 그러나 두 종류 도서관의 운영 주체도 다르고 운영 방식도 다르다.

이 도서관들의 핵심은 당연히 책이다. 따라서 각 도서관은 대부분 매년 3월경, 그러니까 예산이 책정되어 투여되는 시점부터 새로운 도서를 구입하기 시작한다. 그때 도서관들은 구입할 도서목록을 작성하는데, 이에 필요한 자료를 제공하는 것도 마케터가 해야 할 중요한 일이다. 특히 베스트셀러를 중심으로 출간하는 출판사가 아니라 인문학, 문학, 자연과학 등 교양서를 출간하거나 청소년 도서, 어린이 책을 펴내는 출판사에게는 이 업무가 매우 중요하다.

마케터는 출판사의 책을 독자와 연결하고, 도서관과 연결하고, 새로운 형태의 책 보급 방식에 연결하는 것에 온전히 관심을 쏟고 공을 들여 출판사의 매출로 나타나도록 한다. 그들은 다양한 시장 영역에서 얻은 정보들을 바탕으로 책의 판로를 개척하고 있다.

출판사가 제일 먼저 마케터를 뽑아야 하는 이유는 이외에도 다양한 것들이 있을 것인데, 아무튼 '책을 만드는 사람'과 '보급하는 사람'이 회사의 방향에 대해 공감하고 함께 갈 수 있다면 그 회사의 앞날은 무척 밝을 것임에 틀림없다

언론사 홍보

책은 언론, 특히 일간신문과 밀접한 연관이 있다. 최근 들어 일간지에서 책을 소개하는 지면의 비중이 줄어들고 있기는 하지만 그래도 책은 종이 신문의 서평에 의해 널리 퍼지고 있다. 그래서 대부분의 출판사는 신간이 출간되면 일간지의 서평 담당 기자에게 책을 보낸다. 그 작업이 얼마나 중요하면, 신간을 일간지 서평 담당 기자에게 배달해 주는 회사가 있을 정도이겠는가.

책을 보낼 때는 보도 자료도 함께 보낸다. 그런다고 모든 책이 소개되는 것은 아니니 크게 기대할 일도 아니다. 또 기자들에게 잘 보이거나 접대해야 책이 소개되는 것도 아니니 출판사가 할 일은 열심히 좋은 책을 내는 것뿐이다. 한 가지 덧붙인다면 각 언론사마다 약간씩 선호하는 책이 다르다는 사실인데, 이런 것이야 말 안 해도 누구나 느낄 수 있을 것이다. 또 신문에 크게 소개된다고

해서 모든 책이 잘 나가는 것도 아니라는 사실은 웬만한 출판사 사람들은 다 알고 있다. 신문에서 크게 다루는 책들은 대부분 상업적이라기보다는 이슈를 제공할 만한 책들이다. 그러다 보니 크게 다루면 일정 정도 판매에 긍정적인 효과를 가져오지만, 텔레비전에 소개되거나 유명 유튜버에 의해 소개되는 홍보보다는 효과가 크지 않다.

물론 종이 신문의 영향력이 과거에 비해 줄어든 것도 크게 작용한다. 전설적인 이야기를 한다면, 1990년대에는 신문에 소개되면 초판 정도는 가볍게 소화되었다. 그러나 최근 들어서는 그런 영향력은 꿈과 같은 일이 되었다. 그래도 주요 일간지에 소개되면 여러 모로 도움이 된다. 우선 아무리 줄어들었다고 해도 판매에 효과를 본다. 또 인터넷 서점에서 그 책에 대해 관심을 기울인다. 그 외에 도서관 수서收書 담당자들에게도 영향을 미친다. 또 책과 관련된 오피니언 리더들에 의해 선정도서로 추천받게 되어 긍정적인 판매 효과를 볼 수도 있다. 그러니 일간지 서평 담당 기자들에게 책을 보내는 일은 필수적이라고 하겠다.

새로운 홍보 수단이 작동하고 있다

얼마 전에 필자가 운영하는 출판사의 한 책이 대형서점에서 갑자기 큰 판매 실적을 올렸다. 출간한 지 벌써 몇 년 지난 책이었기에 처음에는 "아, 어떤 사람들이 모여서 이 책을 읽기로 했나보다." 하고 대수롭지 않게 넘겼다. 그런데 그날 인터넷 서점을 비롯한 전국 모든 서점에서 주문이 쇄도했다.

당연히 회사 마케터들은 어안이 벙벙했고, 그때부터 원인을 파악하기 위해 동분서주했다. 그러다 몇 시간 만에 결국 영향력이 상당한 개인방송에서 이 책을 소개했다는 사실을 확인했다.

그 후로 그 책은 참으로 놀랄만한 매출을 올렸다. 우리나라를 대표한다는 일간지가 소개를 할 때에 비해 적어도 100배의 매출 성과를 거둔 것이다.

그 외에도 어느 날 갑자기 어떤 책의 매출 실적이 올라가면 마케터들은 원인 파악에 나선다. 그럼 우리가 몰랐던 다양한 홍보 채널과 판매 경로가 있다는 사실을 알게 된다. 강남의 유명 논술학원부터 지방의 독서 동아리, 저자의 활동 등 참으로 많은 일들이 출판사 담당자도 모르는 사이에 일어나고 있다. 이러한 일들을 끊임없이 파악하고 관심을 기울이는 일이 바로 마케터들이 하는 일이다. 그런데 어찌 마케터 없이 출판사를 운영한단 말인가.

신간 배본

마지막으로 마케터는 출판사에서 신간을 출간한 후 주요 서점에 신간을 얼마나 배본할 것인지 논의하여 결정하는 가장 중요한 일을 한다.

최근 들어 신규 출판사들이 워낙 많이 생기다 보니 주요 서점들은 각 출판사가 출간한 신간도서를 많이 받지 않는 움직임이 강화되고 있다. 전국에 지역 서점 숫자는 적은데 책은 어느 때보다 많이 출간되니 새로 나온 책을 진열할 공간 자체가 부족한 것이다. 그러니 새로 나온 책이라고 해서 전국 모든 서점에 진열할 수 없다. 결국 자구책으로 대형 서점이나 도매상들은 신간도서를 몇 부나 받을 것인지를 출판사 담당자들과 사전에 협의하는데, 그 업무를 출판사에서는 마케터가 담당한다.

물론 마케터가 없는 출판사의 경우에는 출판사 운영자가 하든, 관리를 담당하는 직원이 하든, 그것도 아니면 편집자가 가서 할 수도 있다. 여하튼 이 업무는 출판사의 마케터로서 하는 일이다.

주요 서점에는 각 분야별, 각 출판사별로 구매 담당자가 지정되어 있다. 그러니 마케터들은 늘 그들을 상대로 소속 출판사의 상황, 신간 출간 계획, 신간의 내용 등을 설명할 준비가 되어 있어야 한다. 매일 쏟아져 나오는 신간을 각 서점의 구매 담당자가 일일이 확인할 수 없다는 현실을 감안하면 마케터의 역할이 얼마나 중요한지 알 것이다.

그뿐이 아니다. 각 서점에서 운영하는 다양한 판매촉진 활동에 어떻게 참여할 것인지도 논의해야 한다. 또 주요한 신간에 대해서는 예산에 따라 인터넷 서점의 다양한 홍보 수단을 어떻게 활용할 것인지도 결정해야 한다.

결국 좋은 책을 내기만 하면 독자들이 알아서 구입할 것이라거나, 서점이 알아서 진열해 줄 것이라는 생각은 빗나가도 한참 빗나간 것이다. 모든 서점과 독자들이 여러분이 출간한 책만을 기다리고 있는 것은 아니다. 책을 출간하는 노력 외에 책을 독자들에게 소개하는 노력도 게을리 하지 않기를 바란다.

인터넷 서점은 어떻게 거래할까?

최근에는 출판사 매출에서 인터넷 서점이 차지하는 비중이 상당히 크다. 당연하다. 현재 적용되는 도서정가제에 따르면 다른 서점과는 달리 인터넷 서점은 10% 할인과 5%의 마일리지 지급이 가능하니 누구나 인터넷 서점에서 값싸게 책을 구입하고자 한다. 게다가 당일배송까지 가능한 세상이니 인터넷 서점으로 수요가 몰리는 것은 당연하다.

하지만 편리한 부분이 있으면 감수해야 할 불리함 또한 있는 법이다.

인터넷 서점에 의존하면 할수록 출판사는 다양한 매출 경로를 확보하기 어렵다. 그러니 인터넷 서점 외에도 앞서 살펴본 도매상, 지역 서점과도 거래를 해야 한다.

인터넷 서점의 장점

인터넷 서점과 거래를 할 때 가장 편리한 것은 지불이 정확하다는 것이다. 도매상이나 지역 서점의 경우에는 특별히 직거래를 할 때 외에는 출고된 부수가 100이라 해도 지불은 그보다 적은 게 일반적이다. 그러나 인터넷 서점은 1개월 기준으로 출고된 금액만큼 지불이 된다. 사실 이는 당연한 것인데, 인터넷 서점은 매장에 진열을 하지 않기 때문에 독자가 주문한 부수만큼 출판사에 주문을 한다. 그러니 출판사에서 인터넷 서점으로 출고한 부수는 그대로 매출 부수라고 보아도 무방하다. 물론 인터넷 서점도 독자가 주문하지 않은 책도 보관한다. 대부분 지속적으로 팔리는 책들이다. 그런 책들은 주문 즉시 배송하기 위해서 일정 부수를 보관하고 있는 것이다.

그러다 보니 인터넷 서점의 장점 가운데 또 다른 것은 반품율이 극히 낮다는 점이다. 이 또한 출판사 입장에서는 큰 부담 하나를 더는 셈이다.

인터넷 서점들은 겉으로 보기에는 다 같아 보여도 제각기 특성이 있다. 어느 인터넷 서점은 인문 분야에 강세를 띠는가 하면 어떤 인터넷 서점은 아동 도서에 강점을 갖고 있다. 따라서 어느 정도 거래를 하다 보면 출판사의 출간 경향에 따라 어떤 인터넷 서점과 관계를 강화해야 할 것인지 길이 보이기 시작한다.

인터넷 서점 마케팅은 어떻게 할까?

인터넷 서점은 분야별로 담당 MDmerchandiser가 배치되어 있다. 이들은 자신이 맡은 분야의 도서 가운데 '어떤 도서를 초기 화면에 띄울 것인가', '어떤 책을 집중적으로 마케팅 할 것인가' 하는 매우 중요한 의사결정을 내리는 주역이다. 따라서 이들에게 출판사가 출간한 책의 장점을 이해시키는 것이 마케터의 역할이다.

물론 장점이 없는 책을 과장해서 설득한다고 해서 거기에 넘어가는 MD는 거의 없다. 이들은 오랜 시간 책의 판매 과정을 습득했기에 오로지 출판사의 설명만 듣고 의사결정을 하지 않기 때문이다. 그래도 출간되는 모든 책을 MD들이 속속들이 들여다볼 수 없기 때문에 출간 도서를 명확하면서도 간결하게 설득하는 작업은 매우 중요하다.

인터넷 서점의 초기 화면에는 수많은 책 소개가 있는데, 그 가운데는 출판사에서 홍보비용을 대고 노출시키는 경우도 있고, 인터넷 서점에서 독자적으로 판단해서 올리는 경우도 있다. 출간 도서의 질이 담보되는 경우, 인터넷 서점 분야 페이지에서 MD의 추천 코너에 노출되거나 선서회의選書會議를 통해 초기화면에 소개되는 경우도 있다. 물론 출판사가 비용을 내는 홍보 방식보다는 MD의 추천 영역에서 선택되어 노출되는 방식에 독자들이 더 주목한다는 것은 말하지 않아도 알 것이다.

출판사들 가운데는 1년 내내 인터넷 서점의 초기 화면에 한 권의 도서도 소개되지 않아서 인터넷 서점을 탓하는 곳도 있다. 그러나 오랜 기간 거래를 하다 보면 인터넷 서점의 판단 기준은 명확한 듯하다. 다양한 오피니언리더 계층에서 평판을 얻은 책, 상당한 판매가 예상되는 책, 가끔이지만 판매가 담보되지 않더라도 꼭 소개해야 한다고 판단한 책 등 일정 기준에 다다른 책들이 소개된다고 보면 많이 틀리지 않을 것이다.

물론 판매 중심의 책 가운데는 허접한 책이 없는 것이 아니다. 그렇다고 인터넷 서점의 판단이 온전히 자의적이고 왜곡되었다고 볼 수는 없다. 누군가는 허접하다고 여길지라도 시대에 따라서는 그러한 책을 찾는 독자가 많을 수 있기 때문이다.

인터넷 서점이 출판사와 거래하는 조건은 어떻게 생겼을까?

우리나라 첫 인터넷 서점은 와우북이다. 와우북이 처음 온라인 쇼핑몰을 준비하면서 도서공급을 받고자 출판사들과 거래 협의를 할 때, 출판사 마케터 출신인 와우북 운영 책임자가 '단행본 기준으로 소매서점 위탁 공급율이 70%이고 현매(책값을 입금하면 책을 보내주는 거래방식)는 65%이니 인터넷 서점이 출판사들과 거래를 활성화하기 위해서는 출판사의 현매 공급율인 65%를 적용하는 것이 필요하다.'는 논리를 세웠고, 그 조건으로 출판사들과의 거래를 활성화시킬 수 있었다고 한다. 그러니까 잔고를 무작정 쌓아두지 않는 방식으로, 전월 마감 기준의 잔고를 다음달 결제일에 현금으로 송금하는 방식이 출판사들과의 거래를 늘릴 수 있는 적정선이라고 생각했다는 이야기이다. 와우북은 얼마 후 후발 주자인 어느 대표적인 인터넷 서점과 합병하였다. 이 이야기는 인터넷 서점이 출판사와 거래를 시작한 원칙이나 관점이 무슨 연유로 정해지게 된 것인지 알려주는 힌트라고 생각된다. 물론 이제는 그 시기의 조건으로 신규거래하기도 쉽지 않다는 소식을 자주 듣고 있는데, 이 대목에서 출판계와 서점 각 단위들이 '상생 공급율'에 대해 함께 고민하고 협의하는 것이 필요하다는 생각을 하지 않을 수 없다. 그래야만 신생 출판사와 작은 출판사들이 동등한 조건으로 거래하여 그나마 생존할 수 있는 최소한의 숨 쉴 공간을 확보할 수 있을 것이 아니겠는가.

출판은 사람이다

출판은 누가 하는 것인가? 사람이다.

처음 출판을 시작하는 분들, 또는 현재 출판사를 운영하는 분들, 나아가 미래의 출판인을 꿈꾸는 분들, 그리고 지금 출판사에서 일하는 분들 가운데 이 사실을 잘 모르는 분들이 계신 듯해서 노파심에 이 글을 쓰게 되었다.

출판, 즉 책 만드는 일을 하는 것은 당연히 사람이다. 그리고 책을 쓰는 사람도 사람이다. 책을 읽는 독자도 사람이며, 책을 서점에서 독자에게 연결해 주는 사람도 사람이다. 그래서 한 유명 서점이 언급했듯, 사람은 책을 만들고 책은 사람을 만든다. 그런데 이 사실을 잊고 사는 분들이 의외로 꽤 많다.

출판사 가운데는 직원들이 근무하는 사무실에 CCTV를 설치해 놓은 곳이 있었다고 한다. 그것이 순수하게 방범용이거나 비밀 유지를 위한 것이라면 모르겠으나, 만에 하나라도 직원들을 보기 위한 것이라면 이는 출판을 사람이 한다는 사실을 망각한 일이다. 카메라에 보이는 사람은 결코 사람으로서 행동할 수 없기 때문이다.

저자들에게 지급해야 할 인세를 줄여 보고하는 출판사도 간혹 있는 듯하다. 이 또한 상대방의 신뢰를 저버리는 행동이니, 절대 출판사가 할 일이 아니다. 이런 일이 지속되면 사람과 사람의 관계는 깨지기 마련이다. 더구나 출판사 내에서 운영하는 사람이 인세를 정직하게 보고하지 않으면 직원들 모두가 그 사실을 알게 된다. 그럼 어떻게 될 것인가. 당연히 직원들도 저자들 앞에서 당당할 수 없다. 그러다 보면 회사에 대한 믿음이 사라지고 경영진도 신뢰하지 않게 된다. 이런 상황이라면 이미 사람을 다 잃었는데, 어떻게 책 만드는 출판사를 제대로 운영하겠는가. 다른 출판사를 위해서도 이런 출판사는 매장되어야 한다. 왜냐하면 한 번 출판사를 불신하기 시작한 저자는 정직한 다른 출판사도 불신의 눈으로 대하기 때문이다.

다른 출판사가 애써 발굴한 저자를 큰돈으로 유혹하는 출판인도, 출판을 사람이 아니라 돈이 하는 것으로 보는 존재다. 물론 그 저자가 큰돈의 유혹에 넘어가는 것을 비난할 수 없다. 비난받을 사람은 그런 유혹의 덫을 놓는 출판인이다. 그런 출판인만 있다면 좋은 저자는 누가 발굴하겠는가. 결국 출판 생태계를 짓밟는 파렴치한 짓이다. 나아가 문명을 짓밟는 일이기도 하다. 큰돈으로 유혹하고 나면 당연히 좋은 책, 저자가 쓰고자 하는 책이 아니라 팔리는 책을 쓰도록 할 테니까 말이다.

우리나라 시장에 걸맞지 않게 과도한 돈을 놓고 블록버스터급 외서 수입 경쟁에 몰두하는 대형 출판사들 또한 사람보다는 돈에 매달리는 존재다. 대형 출판사들은 그런 짓에 몰두하기보다 큰돈이 들어가는, 그래서 뜻이 있는 출판인이라도 감히 엄두를 내지 못하는 그런 프로젝트를 추진해야 한다. 그래야 우리나라를 대표하는 출판사라고 어디 가서 당당히 이야기할 수 있지 않을까. 다행히 모든 대형 출판사가 이른바 '돈질'을 하지 않는다는 사실이 위안이 된다.

웬만하면 책 읽지 않는 출판사 운영자, 직원도 문제다. 본인들은 책 안 읽으면서 독자들에게는 책 읽으라고 외치는 것은 누가 봐도 사람이 할 짓이 아니다. 그래서 꼭 하고 싶은 말이 있는데, 책 안 읽는 사람은 제발 출판사 하지 말라. 제발! 책 안 읽는 사람들이 과연 무슨 책을 출판하겠는가. 그런 사람들이 출판을 하니 중복 출판, 저질 출판, 오직 돈만 추구하는 상업 출판이 난무하는 것이다.

출판계는 오월동주吳越同舟가 아니라 일심동체一心同體다!

다른 업종도 마찬가지겠지만 출판계는 말 그대로 일심동체다. 한 출판사의 책이 잘 나가면 다른 출판사 책도 잘 팔리는 것이 일반적

현상이기 때문이다. 물론 최근 들어 다른 출판사의 스테디셀러만 본떠 중복출판으로 먹고사는(사실 먹고사는 것을 넘어 '악화가 양화를 구축한다'는 그레샴의 법칙처럼 더 큰 돈을 버는 곳도 있다만) 출판사들이 늘고 있어 한심하기는 하지만, 그래도 출판계는 오월동주보다는 일심동체가 더 어울리는 업계다. 오늘날처럼 출판계가 어려움에 처한 상황일수록 이런 정신이 더욱 강하게 작동하면 좋을 텐데, 하는 마음을 지울 수 없다. 이 책을 쓰게 된 동기도 그러하다.

출판계가 어려운 상황에 처한 것을 뻔히 알면서도 좋은 책 한 권 출간하겠다는 의지로 출판계에 진입하는 동료, 선·후배 들이 조금이라도 시행착오를 줄여 더 나은 책 한 권이라도 출간할 수 있으면, 나아가 더 나은 출판계를 만들고 더 많은 독자에게 봉사할 수 있다면, 하는 마음에서 이제껏 배운 것들을 써내려갔다.

그러니 출판계에 들어오신 분, 들어오실 분들은 대한출판문화협회나 한국출판인회의, 파주출판도시입주기업체협의회 같은 단체에 가입하여 힘을 합쳐 나갔으면 하는 바람을 갖는다. 물론 이런 곳에 가입하면 얼마간(1년에 50만 원 미만의 회비가 들어갈지 모른다)의 비용 부담이 있지만 그래도 출판인들이 힘을 합쳐야 하지 않겠는가.

출판 30년을 바라보며 시작하길, 출판의 길을 걷고자 하는 이들에게

여러분은 얼마나 오랫동안 출판을 하실 예정인가?

이런 질문에 선뜻 답을 할 수 있는 사람은 없을 것 같다. 마치 학교를 졸업한 후 직장에 들어간 사람들이 앞으로 몇 년 동안 이 직장에 다니겠다는 다짐이 뚜렷하지 않은 것처럼. 그러나 출판을 시작한 분이라면 향후 계획에 대해 어느 정도는 뚜렷한 의지를 가져야 한다고 생각한다. 왜냐하면 본문에서 언급한 것처럼 출판이라는 것이 생각보다 여러 분야와 연관을 맺고 있어 맺고 끊는 것이 쉽지 않다는 이유도 그 하나요, 다른 하나는 출판이라는 것이 사람으로서 평생을 걸 만큼 신성하고도 가치 있는 일이라고 믿기 때문이다.

그래서 필자는 오래 전부터 30년 앞을 내다보고 출판을 한다고 모두의 앞에서 공언하곤 했다. 결국, 출판사를 설립하고 30년 동안 출판을 해 왔다. 그런데 놀라운 것은 이미 천여 종의 책을 출간했는데도 갈수록 출간하고 싶은 책은 더 늘어난다는 사실이다.

하지만 세상이 바뀌는데, 과거를 살던 사람이 새로운 문명을 담는 그릇을 끝없이 설계하겠다고 나서는 것은 과욕이라 생각 돼 얼마 전부터 출판사의 앞선에서 물러났다. 이제부터 출판사의 미래는 연부역강年富力强한 분들의 몫이다.

그렇다고 평생 즐기고 앞으로도 즐길 요소라면 첫 손가락에 꼽힐 책을 마다하고 다른 일을 할 수도 없다. 아니, 책을 읽고 만드는 일보다 더 기쁜 일을 찾지 못했다. 그래서 누구도 찾지 않는다 하더라도 출간할 만한 가치가 있는 책, 반드시 출간하고 싶은 책을 출판하기 위해 개인적으로 출판사 하나를 더 열었다. 그 출판사에서는 오로지 필자가 내고 싶은 책만을 출간하고 있고, 그럴 예정이다. 그런 기회를 실현시킬 수 있는 것에 독자 여러분, 서점 여러분, 그리고 나의 운명에 이루 말할 수 없는 감사를 드린다.

그렇게 출판의 길을 먼저 걷기 시작한 경험자로서 몇 마디 거드는 것을 허락하신다면 다음 말을 하고 싶다.

쉬지 않고 돌아가는 출판사

첫째, 출판이라는 것은 단 한 순간도 쉴 틈을 주지 않는다. 여러분이 만일 인쇄소를 운영한다고 생각해 보라. 그럼 거래처를 확보하고 나면 그 다음부터는 잠시 활동하지 않아도 회사는 돌아가기 마련이다.

그러나 출판은 그렇지 않다. 이번 달에 출간하고 나면 다음 달에 또 새로운 책을 출간해야 한다. 올해 10권의 책을 출간하는 동안 내년에 출간할 새로운 책 10권을 기획하고 원고를 준비해야 한다. 결국 출판이라고 하는 행위는 끝없이 창조하는 행위이다. 그러니 한 번 출판계에 입문하고 나면 평생 그 일에서 벗어나겠다는 생각은 버리는 것이 좋다. 만일 어느 순간 책을 기획하고 창조하는 일이 지루하고 의미 없게 느껴지며 지친 듯하면 물러날 일이다.

회사가 자신이 세운 것이라는 이유로 끝없이 붙잡고 늘어지면 그때부터 출판사는 후진後進하기 시작한다. 필자는 그러한 출판사를 무수히 목격하고 있다. 여러분은 그러한 우를 범하지 마시길 바란다.

'세상에서 가장 책 안 읽는 사람들이 출판사 사장들이다'

둘째, 자신이 정말 책을 좋아하는지 돌아보고 또 돌아볼 일이다. 출판계에 떠도는 소문 가운데 이런 것이 있다.

'세상에서 가장 책 안 읽는 사람들이 출판사 사장들이다.'

그 정도는 아니겠지만 그렇다고 출판사 사장들이 독서를 즐긴다는 생각을 하기는 힘들다. 물론 성실한 출판사 사장이라면 다른 출판사 책을 읽기 전에 자기 출판사 책을 읽어야 할 것이요, 남는 시간이 있으면 새로운 기획에 힘을 쏟아야 할 것이다. 그렇다고 다른 책 읽을 시간이 없다는 것은 변명에 지나지 않는다. 진짜 라면을 좋아하는 라면공장 사장이라면 자기네 라면 외에 다른 회사 라면 맛도 궁금한 법이다.

정말 책이 좋아서 출판을 하신다면 온종일 책 생각에 빠질 일이요,

남는 시간에는 책을 즐기실 일이다.

책 많이 팔아본 출판사가 위험하다

셋째, 출판사 운영과 관련하여 마지막으로 한 마디 덧붙인다.

오랜 경험 끝에 얻은 교훈이 하나 있는데, 망하는 출판사는 책을 못 파는 출판사가 아니라 책을 많이 판 출판사라는 것이다. 처음 듣는 분들은 의아할 텐데, 사정은 이러하다.

초판을 1천 부 찍는 출판사 대표는 그 규모에 맞추어 출판사를 운영한다. 직원 숫자도 그 적은 매출로 감당할 만큼 뽑고, 무리하게 마케팅 비용을 쓰거나 홍보비를 사용하지 않는다. 모든 씀씀이를 거기에 맞추어 운용한다. 그러다 보면 100종, 500종의 책이 쌓인다. 그 후에도 지속적으로 그렇게 운용한다.

그뿐이 아니다. 그런 출판사는 반드시 필요한 책만 출간한다. 이건 또 무슨 이야기냐고? 500명이, 1천 명이 반드시 필요로 할 책만 출간한다. 많이 팔리지는 않겠지만 과다한 재고가 쌓일 일도 없을 뿐 아니라 무리하게 마케팅 비용을 투여하지도 않는다. 정가를 매기고 책을 꾸밀 때도 예산에 맞추어 합리적으로 추진한다. 그러면 많은 돈은 못 벌어도 출판사를 지속적으로 운영할 수는 있다.

반면에 베스트셀러를 출간한 경험이 있는 출판사는 이렇다. 한 번 10만 부를 팔고 나면 어떻겠는가? 누구라도 다음 책도 그렇게 팔고 싶다. 아니, 대부분 다음에는 20만 부를 팔자고 나설지도 모른다. 그러나 그렇게 지속적으로 베스트셀러를 출간할 수 있는 출판사는 우리나라에 열 손가락으로 꼽을 정도다. 왜냐고? 그러기 위해서는 탄탄한 기획을 지속적으로 해낼 수 있는 인적 기반, 베스트셀러 목록에 반드시 끼어들어갈 수밖에 없는 화제의 외서 계약, 우리나라에서 출간만 하면 어느 정도의 베스트셀러가 보장되는 저자 풀 등을 보유하고 있어야만 가능하기 때문이다.

물론 탄탄한 기획과 저자 풀을 갖고 있지 못한 출판사도 베스트셀러를 출간할 수는 있다. 그러나 그런 출판사가 지속적으로 베스트셀러를 출간하는 것은 매우 어렵다. 하지만 이미 그 출판사 운영진은 그런 추세로 움직이기 시작한다. 그러다 보면 베스트셀러가 될 수 없는 원고에 대해서도 혹시 팔리지 않을까 하는 막연한 기대를 품는다. "맞아. 한 번 해보는 거야." 하고는 초판 1만 부를 찍어 엄청난 광고홍보 활동을 통해 시장에 책을 밀어 넣는다. 그렇게 하면 처음에는 나가는 듯하다. 서점들이 그 책을 가져다가 쌓아놓기 때문이다. 그렇게 베스트셀러를 출간한 출판사는 후속작도 베스트셀러가 될 것 같은, 아니 된 듯한 착각을 일으키기 쉽다. 그럼 무리하게 비용을 투입하게 되고, 그 책이 안 팔리면 고스란히 손실을 보게 된다.

그렇게 한두 번 10만 부 팔아본 출판사 대표라면 다음에 1천 부짜리 책 낼 의욕이 생기겠는가? 그런 분도 있겠지만 쉽지 않다. 그러니 그때부터는 지속적으로 무리하게 투자하기 쉽다. 그러다 보면 어느 날 벌어놓은 돈은 다 사라지고, 출판의 기반은 무너진다.

여러분이 어느 날 베스트셀러의 주인공이 되었다면 다음 책 역시 베스트셀러를 만들겠다는 생각을 멈추시기 바란다. 그 대신 '하늘이 내게 좋은 출판사를 꿈꾸도록 기회를 주셨구나.' 하고 감사하며 출간하고 싶었던 다양한 책을 출간하기 바란다. 그렇게 몇 년 동안 출판에 심혈을 기울이면 어느덧 누군가 기억해 주는 좋은 출판사로 성장해 있을 것이다.

앞에서 지겹도록 이야기해서 다시 말하기도 저어하지만 출판은 정부를 대신해 우리 사회, 우리 역사, 우리 문화, 우리 이웃의 문명을 기록해 후대에 전하는 성스러운 활동이다. 출판인 모두의 한 발은 경제라는 영토에, 다른 한 발은 문명이라는 영토에 딛고 함께 걸어가기를 바란다.